이 책은 성탄절의 영광을 새롭게 발견하게 도와준다. 우리처럼 바쁜 사람들이 대림절 기간에 매일 10분씩 앉아서 우리 구주이신 예수님에 대해 생각하고, 안식하고, 기뻐하고, 소생되는 것은 얼마나 큰 위안인가!

— 레이 오틀런드 테네시주 임마누엘교회 담임목사

어떻게 대림절을 보내야 12월 25일 이후에도 우리 영혼에 계속 유익이 남아 있을 수 있을까? 그러려면 당신은 당신의 구주이자 주이자 형제이자 친구이신 성육신하신 그리스도 안에서 하나님의 영광을 보고 즐거워해야 한다. 본서를 통해 존 파이퍼는 단순한 휴일의 기쁨을 뛰어넘는 경이로움과 외경심과 기쁨에 합류하라고 당신을 초청하면서 성탄의 좋은 소식을 탐구할 기회를 제공한다. 이 책은 영원한 기쁨에 관한 책이며, 이 책에서 저자는 영원한 기쁨이신 예수 그리스도를 가리킨다.

— J. A. 메더스 〈Humble Calvinism〉 저자, 목사

존 파이퍼가 쓴 이 대림절 묵상글들은 짧지만 깊고 풍성하다. 그는 즐겁게 경외하는 마음으로 우리 손을 잡고 우리를 성육신의 성소 안으로 데려간다. 베들레헴에서 나신 하나님의 아들의 수원지에 잠시 멈추어 있을 때, 우리는 갈보리에서 크게 상하신 그

분의 모습 안에서 그분의 넘치는 사랑을 훨씬 더 많이 인식할 준비를 갖추게 된다. 당신의 성탄절 시즌이 영적으로 더 풍성해지길 원한다면, 이 책의 생각들에 푹 잠기라.

– 콘래드 음베웨 잠비아 카브와타 침례교회 목사

이 책은 예수님에 대한 진리의 보물상자이다! 존 파이퍼는 이 짧고 가슴 저미는 묵상글들을 통해 우리의 시선을 거듭 들어 올려, 성탄절을 그 본질대로 당신과 나를 위한 큰 기쁨의 좋은 소식으로 바라보게 한다. 이 책은 아버지의 보냄을 받아 성령의 능력으로 육신을 입고 이 땅에 오신 아들을 알라는 초청이다.

– 아비가일 도즈 《(A) Typical Woman》 저자

큰 기쁨의 좋은 소식

Good News of Great Joy

Copyright ⓒ 2021 by Desiring God Foundation
Published by Crossway
a publishing ministry of Good News Publishers
Wheaton, Illinois 60187, U.S.A.

This edition published by arrangement
with Crossway through rMaeng2, Seoul, Republic of Korea.
All rights reserved.

This Korean Edition ⓒ 2021 by Reformed Practice Books, Seoul, Republic of Korea.

이 한국어판의 저작권은 알맹2를 통하여 Crossway와 계약한 개혁된실천사에 있습니다.
신 저작권법에 의해 한국 내에서 보호받는 저작물이므로 무단 전재와 무단 복제를 금합니다.

큰 기쁨의 좋은 소식

지은이　　존 파이퍼
펴낸이　　김종진
편집　　김예담
초판 발행　2021. 11. 2.
등록번호　제2018-000357호
등록된 곳　서울특별시 강남구 선릉로107길 15, 202호
발행처　　개혁된실천사
전화번호　02)6052-9696
이메일　　mail@dailylearning.co.kr
웹사이트　www.dailylearning.co.kr

책값은 뒤표지에 있습니다.
ISBN 979-11-89697-24-2　03230

큰 기쁨의
좋은 소식

성탄을 맞이하는 25개의 묵상글

존 파이퍼 지음

개혁된실천사

목차

서문

대림절advent의 존재 목적은 예수님을 경배하는 것이다. 적어도 우리 Desiring God에서는 그런 시각을 가지고 있다 (Desiring God은 존 파이퍼 목사가 설립한 선교단체임—편집주).

1년에 한 차례 돌아오는 대림절은 많은 교회들과 기독교 가정들과 예수님을 따르는 사람들이 인내 가운데 기다리며, 소망 가운데 장래를 내다보며, 영혼을 점검하고, 달력을 쳐다보는 시기이다. 대림절을 지키라는 성경의 명령은 없다. 이것은 우리가 임의로 선택할 수 있는 선택사항으로서, 교회 역사상 크리스마스 날을 준비하는 일정 기간으로서 발전되어 왔다. 그동안 대림절은 우리 중 많은 이에게 영적 도전을 주기도 하고, 기쁨과 유익을 주기도 하였다.

'advent'라는 영어 단어는 "오심coming"을 뜻하는 라틴어 'adventus'에서 유래된 단어이다. 12월마다 돌아오는 대림절은 2천 년 전에 있었던 예수님의 초림을 주로 바라보지만, 예수님의 재림 또한 염두에 두고 있다. 인기 있는 크리스마스 캐럴 "Joy to the World"의 가사에도 그런 사상이 분명히 드러나 있다.

> 더 이상은 죄와 슬픔이 자라지 않으며
> 가시와 엉겅퀴가 땅을 오염시키지 않으리
> 저주가 발견되는 곳마다
> 그가 오셔서 복이 넘쳐흐르게 하실 것이니[1]

대림절은 성탄절 전 넷째 일요일에 시작해서 성탄 전야에 끝난다. 가장 빠르면 11월 27일에 시작하고 가장 느리면 12월 3일에 시작하는 것이다. 부활절을 준비하는 사순절이 정확히 40일의 기간으로 이루어지는 것에 반해, 대림절은 22일 내지 29일의 기간으로 이루어진다.

전 세계의 그리스도인들은 서로 다른 방식과 서로 다른

---

1. Isaac Watts, "Joy to the World," 1719.

관행으로 대림절을 기념한다. 어떤 이들은 촛불을 켠다. 어떤 이들은 찬송을 부른다. 어떤 이들은 캔디를 먹는다. 어떤 이들은 선물을 주고받는다. 어떤 이들은 화환을 걸어 둔다. 이 모든 것을 다 하는 이들도 있다. 지난 수 세기 동안, 우리는 12월 25일 단지 하루 동안만 예수님의 오심을 기념하는 것보다 더 오랜 시간 기념하는 좋은 방법들을 많이 개발하였다. 옛 신조가 말하는 것처럼, "우리를 위한 그리고 우리의 구원을 위한" 하나님의 아들의 성육신은, 단지 하루 동안에 그 의미를 되새기기에는 너무나 중요한 사건이다. 그 일은 실로 우리가 영원히 기념할 일이다. 이 작은 묵상책을 통해, 대림절 기간 동안 예수님을 여러분의 가장 큰 보물로 유지하길 우리는 기도한다. 촛불과 캔디도 그 나름의 역할이 있겠지만, 우리는 바쁘고 소란스러운 12월에 예수님을 그 무엇보다 경배할 수 있기를 원한다.

따라서 "O Come, Let Us Adore Him"(오, 오셔서 저희가 그를 경배하게 하소서)은 아마도 이 대림절 책의 주제이다.[2] 이

---

2. John Francis Wade, "O Come, All Ye Faithful," 1751.

책의 묵상들은 온통 주 예수 그리스도를 경배하는 것과 관련된다. 어떤 묵상글에서 당신은 "O Come, O Come, Emmanuel"(오 오소서, 오 오소서, 임마누엘이시여)이라는 주제를 접하고, 어떤 묵상글에서 "Hark! The Herald Angels Sing"[3](들으라! 천사들이 노래하는 소식을)이라는 주제를 접할 것이다. 그리고, 동방박사라는 카메오 출연자도 만날 수 있을 것이다. 그러나 어디까지나 주인공은 베들레헴에서 태어난 아기이시자, 강보에 싸여 구유에 누인 신인神人이시며, 갈보리에서 고난을 당할 운명이시고, 아버지의 보냄을 받아 자기 백성을 위해 죽으시고 부활하신 예수님이시다.

들어가는 글은 대림절이 시작하기 전에 (혹은 대림절 기간 중 어느 때라도) 읽도록 고안되었다. 마치는 글은 성탄절 당일에 (혹은 존 파이퍼 목사가 가장 좋아하는 성탄절 본문이 궁금하다면 그 전 언제라도) 추가적으로 읽도록 고안되었다. 구약의 그림자와 그리스도의 강림을 다룬 부록은 12일째(Day 12) 묵상글과 잘

---

3. John Mason Neale, trans., "O Come, O Come, Emmanuel," 1861; Charles Wesley, "Hark! The Herald Angels Sing," 1739.

어울린다.

이 대림절에 하나님이 여러분을 복 주사 여러분이 예수님을 더 깊이 사모하는 가운데 더 큰 달콤함을 누리게 하시길 기원한다.

데이비드 매티스
Desiring God 책임 편집자

들어가는 글

"아버지여 내게 주신 자도 나 있는 곳에 나와 함께 있어
아버지께서 창세 전부터 나를 사랑하시므로
내게 주신 나의 영광을 그들로
보게 하시기를 원하옵나이다."

요한복음 17:24

이 성탄절에 예수님은
무엇을 원하시는가?

이 성탄절에 예수님은 무엇을 원하시는가? 우리는 예수님의 기도에서 이에 대한 답을 찾을 수 있습니다. 요한복음 17장에 예수님의 가장 긴 기도가 나옵니다. 그리고 24절에 그 기도의 절정이 나옵니다.

하나님은 이 세상의 모든 자격 없는 죄인들 중 일부의 사람들을 예수님에게 주셨습니다. 하나님은 그들을 예수님께로 이끄십니다(요 6:44, 65). 그들은 바로 그리스도인들입니다. 그리스도인들은 예수님을 십자가에 못 박히고 부활하신 구주요 주요 가장 귀중한 보화로 영접한 사람들입니다 (요 1:12; 3:17; 6:35; 10:11, 17-18; 20:28). 예수님은 그들이 자신과 함께 있기를 원한다고 말씀하십니다(요 17:24a).

때로 우리는 하나님이 외로워서 세상을 창조하셨다는 말을 듣습니다. 사람들은 이렇게 말합니다. "외로우신 하나님은 우리를 자신과 함께 있게 하기 위해서 창조하셨어." 예수님이 이 말에 동의하실까요? 예수님도 우리가 자신이 있는 곳에 함께 있길 원한다고 말씀하셨습니다. 하지만 그렇게 말씀하신 이유는 무엇일까요? 다음 구절에서, 그 이유를 생각해보십시오.

"아버지께서 창세 전부터 나를 사랑하시므로 내게 주신 나의 영광을 그들로 보게 하시기를 원하옵나이다"(요 17:24b).

"그들이 나 있는 곳에 나와 함께 있어…나의 영광을 그들로 보게 하시기를 원하옵나이다"라는 말이 예수님의 외로움을 표현한 것일까요? 아닙니다. 예수님이 이 기도를 하실 때 염두에 두신 것은, 자신의 외로움 충족이 아니라 우리의 갈망의 충족이었습니다.

예수님은 외로우시지 않습니다. 예수님과 아버지와 성

령님은 삼위일체의 교제 안에서 심오하게 만족하십니다. 무언가가 결핍된 쪽은 예수님이 아니라 우리입니다. 예수님은 우리가 우리의 창조 목적대로 예수님의 영광을 보고 누리기를 바라십니다.

오, 이 사실을 우리 영혼 깊이 깨닫게 해주시길 기원합니다! 예수님이 우리를 창조하신 목적은 우리가 그분의 영광을 보는 것입니다.

예수님은 십자가를 지시기 직전에, 자신의 가장 깊은 갈망을 아버지께 아룁니다. "아버지여 내게 주신 자도 나 있는 곳에 나와 함께 있어…**나의 영광을 그들로 보게 하시기를 원하옵나이다.**"

하지만 이것은 예수님이 원하신 것의 단지 절반에 불과합니다. 좀 전에 저는 우리의 창조 목적이 예수님의 영광을 보고 누리는 것이라고 하였습니다. 예수님이 원하시는 것은 우리가 예수님의 영광을 볼 뿐 아니라 이를 누리고, 기뻐하고, 보물로 삼고, 사랑하는 것입니다. 17장의 마지막 절인 26절을 생각해보십시오.

"내가 아버지의 이름을 그들에게 알게 하였고 또 알게

하리니 이는 **나를 사랑하신 사랑이 그들 안에 있고 나도 그들 안에 있게 하려 함이니이다**"(17:26).

이것이 기도의 마지막 부분입니다. 우리를 위한 예수님의 최종 목표는 무엇인가요? 우리가 그저 예수님의 영광을 볼 뿐 아니라 아버지께서 예수님을 사랑하신 그 사랑으로 예수님을 사랑하는 것이 그분의 최종 목표입니다. "이는 나를 사랑하신 사랑이 그들 안에 있고."

예수님의 소원이자 목표는 우리가 그분의 영광을 보고, 우리가 본 것을 아버지께서 아들을 사랑하시는 그 사랑으로 사랑할 수 있게 되는 것입니다. 이것은 그저 아들을 향한 아버지의 사랑을 흉내 내는 것을 의미하지 않으며, 아버지의 사랑으로 아들을 사랑하는 것을 의미합니다. 우리 삶속에서 이 일을 이루어 내시는 분은 바로 성령님입니다. 아들을 향한 아버지의 사랑은 성령을 통해 주어집니다.

성탄절에 예수님이 가장 원하시는 것은, 예수님의 택한 자들이 모여 그들이 가장 원하는 것을 얻는 것입니다. 즉, 예수님의 영광을 보고, 아버지께서 아들을 기뻐하시는 그 기쁨으로 예수님의 영광을 기뻐하는 것입니다.

금년 성탄절을 맞이해서 나의 가장 큰 소원은 많은 사람들과 함께 그리스도의 영광의 충만을 보고, 우리가 본 것을 우리 자신의 미적지근한 인간적 한계를 초월하는 사랑으로 사랑하는 것입니다. 이것이 이 대림절 묵상글들을 통해 달성하고자 하는 목표입니다. 우리는 예수님의 초림을 함께 기념하고, 기뻐하며, 동시에 그분의 재림을 고대하면서, 예수님을 함께 보고 함께 누리길 원합니다.

"아버지여 나의 영광을 그들로 보게 하시고 아버지께서 내 안에 두신 내 기쁨을 그들로 충만히 가지게 하소서." 이것이 이 성탄절에 우리를 위한 예수님의 기도입니다. 오, 우리가 하나님의 눈으로 그리스도를 보고, 하나님의 마음으로 그리스도를 누리길 기원합니다. 이것이야말로 천국의 정수입니다. 그리스도께서는 우리 대신 죽으심으로 죄인을 위해 이 선물을 확보하러 이 땅에 오셨습니다.

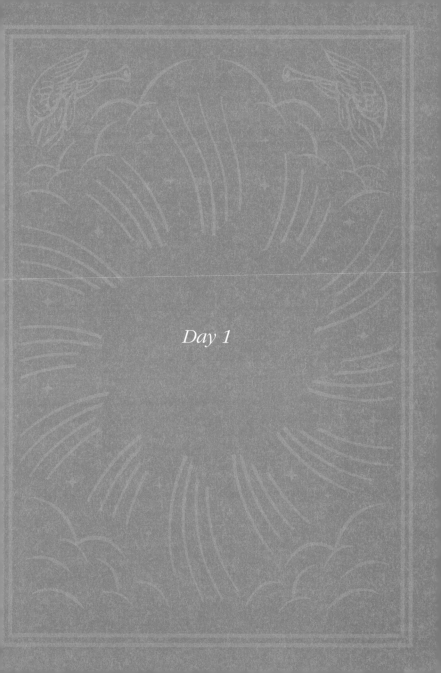

Day 1

"이스라엘 자손을 주 곧 그들의 하나님께로
많이 돌아오게 하겠음이라. 그가 또 엘리야의
심령과 능력으로 주 앞에 먼저 와서 아버지의 마음을
자식에게, 거스르는 자를 의인의 슬기에 돌아오게 하고
주를 위하여 세운 백성을 준비하리라."

누가복음 1:16-17

길을 준비하라

세례 요한이 이스라엘을 준비시킨 것처럼, 대림절(대림절에 대해서는 서문 참조—편집주)에 우리 자신을 준비시킬 수 있습니다. 영적인 준비 없이 성탄절을 맞이하지 마십시오. 준비된 상태로 그날을 맞이하면, 더 큰 기쁨과 은혜를 얻을 것입니다.

우리는 다음과 같이 준비할 수 있습니다.

첫째, 구원자의 절박한 필요성에 대해 묵상하십시오. 성탄절에 기뻐하려면 먼저 죄를 깨달아야 합니다. "오늘 다윗의 동네에 너희를 위하여 구주가 나셨으니 곧 그리스도 주시니라"(눅 2:11)라는 선포가 있어도, 구원자의 필요성을 못 느끼는 심령은 그저 무덤덤할 것입니다. 구원자의 필요를 절박하게 느끼지 못하는 영혼은 성탄절을 기념하는 유익을 제대로 누릴 수 없습니다. 이 짧은 대림절 묵상글들을 통해 당신에게 구원자가 너무나 필요하다는 쓰고도 달콤한 생각을 일깨우십시오.

둘째, 자기 자신을 진지하게 점검하십시오. 대림절과 성탄절의 관계는 사순절과 부활절의 관계와 같습니다. 다윗은 "하나님이여 나를 살피사 내 마음을 아시며 나를 시험하사 내 뜻을 아옵소서 내게 무슨 악한 행위가 있나 보시고 나를 영원한 길로 인도하소서"(시 139:23-24)라고 부르짖었습니다. 다윗처럼 자기 자신을 점검하십시오. 집을 깨끗하게 함으로 당신의 심령에 예수님이 거하실 공간을 마련하십시오.

셋째, 집안에 하나님 중심적인 기대감과 들뜬 분위기를 조성하십시오. 특히 아이들을 위해 그렇게 하십시오. 부모가 그리스도로 인해 들뜬다면, 아이들도 그럴 것입니다. 부모가 단지 물질적인 것으로 들뜬다면, 어떻게 아이들이 하나님에 대한 목마름을 갖겠습니까? 왕께서 이 땅에 오신일의 경이로움을 아이들에게 보여줄 수 있도록 창의적인방법을 강구하고 노력하십시오.

넷째, 성경을 많이 읽고 중요 구절을 암송하십시오. 하나님의 말씀은 불과 같습니다. "내 말이 불 같지 아니하냐"(렘 23:29). 이번 대림절 기간에 말씀의 불 주위로 모여듭시다. 이 불은 따뜻하며, 은혜의 색깔로 반짝이며, 수많은 상처를 치유합니다. 이 불은 어두운 밤을 밝히는 빛입니다.

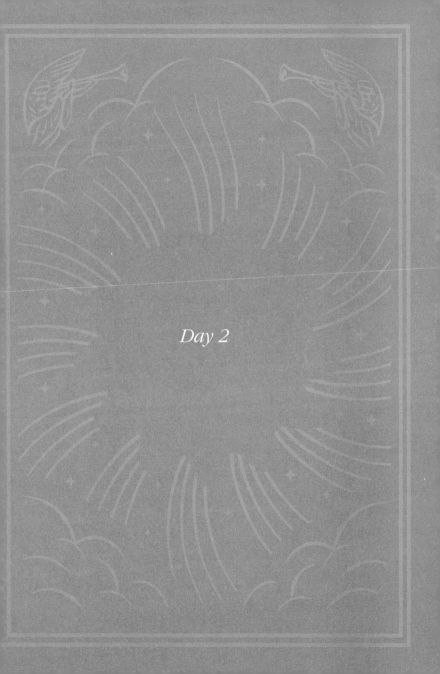

Day 2

"내 영혼이 주를 찬양하며 내 마음이 하나님 내 구주를
기뻐하였음은 그의 여종의 비천함을 돌보셨음이라.
보라 이제 후로는 만세에 나를 복이 있다 일컬으리로다.
능하신 이가 큰 일을 내게 행하셨으니,
그 이름이 거룩하시며 긍휼하심이
두려워하는 자에게 대대로 이르는도다.
그의 팔로 힘을 보이사,
마음의 생각이 교만한 자들을 흩으셨고
권세 있는 자를 그 위에서 내리치셨으며
비천한 자를 높이셨고 주리는 자를 좋은 것으로
배불리셨으며 부자는 빈 손으로 보내셨도다.
그 종 이스라엘을 도우사 긍휼히 여기시고 기억하시되,
우리 조상에게 말씀하신 것과 같이
아브라함과 그 자손에게 영원히 하시리로다."

누가복음 1:46-55

마리아의 찬양

마리아는 하나님에 관한 가장 놀라운 사실을 분명히 보았습니다. 당시에 하나님은 모든 인류 역사의 물줄기를 이제막 바꾸려고 하시는 중이었습니다. 모든 시대 중 가장 중요한 30년이 이제 막 시작될 참이었습니다.

그런데 그때, 하나님은 어디에 계십니까? 보잘것없고 미천한 두 여인, 곧 늙고 아이를 못 낳는 엘리사벳과 젊은 처녀 마리아와 함께 계십니다. 마리아는 비천한 자를 향한 하나님의 돌보심에 크게 감동해서 찬양의 노래를 부릅니다. 이 노래는 추후에 "마그니피캇Magnificat"(마리아의 찬양)으로 알려집니다.

누가의 기록에서 마리아와 엘리사벳은 놀라운 여주인공들입니다. 누가는 그 여인들의 믿음을 사랑했습니다. 누가는 그 여인들이 즐거이 자신을 낮추는 겸손에서 깊은 인상을 받았습니다. 또한 지체 높은 독자 데오빌로에게도 이에 관한 깊은 깨달음을 주고 싶었습니다.

엘리사벳이 말합니다. "내 주의 어머니가 내게 나아오니 이 어찌 된 일인가"(눅 1:43). 마리아가 말합니다. "그의 여종의 비천함을 돌보셨음이라"(눅 1:48).

하나님을 진정으로 높일 수 있는 영혼을 가진 사람은 오직 엘리사벳과 마리아처럼 자신의 비천함을 알고, 위대하신 하나님이 비천한 자신을 돌아보신 사실에 경탄하며 압도당하는 사람입니다.

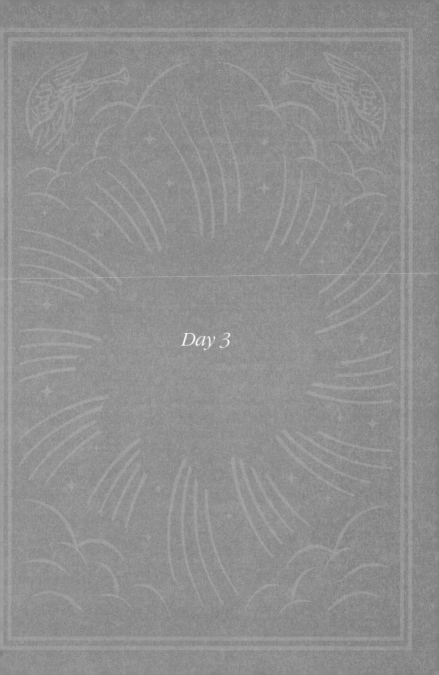

Day 3

"찬송하리로다 주 이스라엘의 하나님이여,
그 백성을 돌보사 속량하시며 우리를 위하여
구원의 뿔을 그 종 다윗의 집에 일으키셨으니,
이것은 주께서 예로부터 거룩한 선지자의 입으로
말씀하신 바와 같이 우리 원수에게서와
우리를 미워하는 모든 자의 손에서 구원하시는 일이라."

누가복음 1:68-71

오랫동안 기다려 온 방문

누가복음 1:68-71에 나오는 사가랴(엘리사벳의 남편)의 고백에서 두 가지 놀라운 사실에 주목하십시오.

첫째, 9개월 전에 사가랴는 그의 아내의 임신을 믿지 않았습니다. 그러나 이제 그는 성령으로 충만하여, 오실 메시아를 통한 하나님의 구속 사역을 확신하면서 과거 시제를 사용하여 다음과 같이 말합니다. 하나님이 "그 백성을 돌보사 속량하시며^{redeemed}"(눅 1:68).

믿는 마음에는, 하나님의 약속이 이미 이루어진 것과 다름없습니다. 사가랴는 하나님의 말씀을 그대로 받아들여야 한다는 것을 배웠기에, 놀라운 확신을 갖고 말합니다. "그 백성을 돌보사 속량하시며"(눅 1:68).

둘째, 메시아이신 예수님의 오심은 하나님이 이 세상에

방문하신 것입니다. 다른 말로 하면, 이스라엘의 하나님이
그 백성을 방문하시고 속량하신 것입니다. 그 당시에 수 세
기 동안 예언이 중단되어 있었고, 이스라엘 나라는 로마의
지배를 받고 있었습니다. 그러기에 유대인들은 하나님이
자신들을 돌보지 않고, 그들에게서 관심을 거두셨다고 확
신하면서 침체되어 있었습니다. 그리고 이스라엘의 모든
경건한 사람들은 하나님의 오심을 기다리고 있었습니다.
경건한 시므온은 "이스라엘의 위로를 기다리"고 있었고(눅
2:25), 기도하는 안나 선지자는 "예루살렘의 속량을 바"라고
있었습니다(눅 2:38).

그 당시는 큰 기대의 시대였습니다. 오랫동안 기다려 온
하나님의 방문이 막 일어나려는 시기였습니다. 실로, 하나
님은 아무도 예상하지 못한 방법으로 오실 참이었습니다.

Day 4

"그 때에 가이사 아구스도가 영을 내려
천하로 다 호적하라 하였으니, 이 호적은
구레뇨가 수리아 총독이 되었을 때에 처음 한 것이라.
모든 사람이 호적하러 각각 고향으로 돌아가매,
요셉도 다윗의 집 족속이므로 갈릴리 나사렛 동네에서
유대를 향하여 베들레헴이라 하는 다윗의 동네로
그 약혼한 마리아와 함께 호적하러 올라가니,
마리아가 이미 잉태하였더라."

누가복음 2:1-5

하나님의 미약한 백성들을 위하여

하나님께서 메시아가 베들레헴에서 태어나도록 미리 정하신 사실(미 5:2 참고)이 얼마나 놀라운 일인지 생각해보셨습니까? 예수님이 오실 때쯤, 마리아와 요셉은 베들레헴이 아닌 나사렛에 살고 있었습니다. 그런데 첫 성탄절 때, 하나님은 예언의 성취를 위해 그 미약한 사람들을 베들레헴으로 보내시려고, 가이사 아구스도의 마음에 제국 내의 모든 사람을 고향에서 호적하게 하려는 생각을 넣으셨습니다. 마리아와 요셉을 70마일 떨어진 곳으로 보내려고 아구스도를 통해 천하에 명령을 내리게 하신 것입니다.

이 세상의 모든 뉴스들은 정치, 경제, 사회적으로 큰 쟁점들에 관한 것이며, 큰 권력과 지위를 가진 국제적 저명 인물들에 관한 것입니다. 이런 세상에서 70억 인구의 하나

로 살아가는 자신이 아주 작고 보잘것없게 느껴진 적은 없
으신가요? 그럴지라도 낙심하지 마십시오. 마리아와 요셉
을 베들레헴으로 보내신 사건에서 보듯, 정치 권력이나 거
대 기업들은 하나님의 미약한 백성들을 위해 하나님의 인
도를 받고 있습니다. 성경은 암묵적으로 그렇게 진술합니
다. 하나님은 자신의 말씀을 성취하고 자기 자녀들에게 복
을 주기 위해 제국을 움직이시는 분입니다.

당신에게 고난이 닥쳤다고 해서 하나님의 손이 짧아졌
다고 생각하지 마십시오. 하나님의 목적은, 우리의 번영이
나 명성이 아니라 우리의 거룩함입니다. 하나님은 그 목적
을 위해 온 세상을 다스리십니다. 잠언 21:1은 이렇게 말합
니다. "왕의 마음이 여호와의 손에 있음이 마치 봇물과 같
아서 그가 임의로 인도하시느니라." 하나님은 자기 백성의
구원과 성화를 위해 왕의 마음조차 임의로 인도하십니다.

크신 하나님께서 미약한 백성들을 위해 역사하고 계십
니다. 하나님의 자녀들인 우리가 예수 그리스도의 형상을
닮고 하나님의 영원한 영광에 들어가는 이 큰 목적을 위해,
세상의 모든 왕과 대통령과 최고 권력자와 수상들은 부지

불식간에 하늘에 계신 우리 아버지의 주권적인 작정을 따르고 있습니다. 우리는 이 사실을 크게 기뻐해야 합니다.

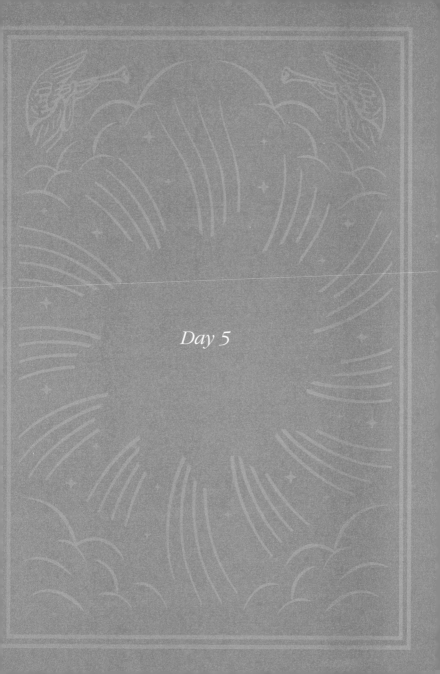

Day 5

"거기 있을 그 때에 해산할 날이 차서
첫아들을 낳아 강보로 싸서 구유에 뉘었으니
이는 여관에 있을 곳이 없음이러라."

누가복음 2:6-7

갈보리를 향하는 길에서 벗어난
쉬운 길은 안 됩니다

하나님은 전 제국에 걸친 인구 조사가 행해지게 하셨고, 이를 통해 마리아와 요셉을 베들레헴으로 보내셨습니다. 하나님은 온 세상을 자신의 뜻대로 다스리십니다. 그런데 그러한 하나님이 여관에 방이 있게 하실 수 없었던 걸까요?

아닙니다. 하나님은 분명 여관에 방이 있게 하실 수 있었습니다. 또한, 예수님은 부유한 가정을 택해서 태어나실 수도 있었습니다. 예수님은 광야에서 돌로 떡을 만드실 수 있었고, 겟세마네 동산에서 만 명의 천사들을 부르실 수 있었고, 십자가에서 내려와 자신을 구원하실 수 있었습니다. 하지만 하나님이 '무엇을 하실 수 있는가'가 아니라 '무엇을 하고자 하시는가'가 핵심입니다.

하나님의 뜻은, 부요하신 그리스도께서 우리를 위해 가난하게 되시는 것입니다. 그래서 베들레헴의 모든 여관에 "빈방 없음"이라는 표시가 걸렸습니다. 결국 이 모든 일은 우리를 위한 것이었습니다. "너희를 위하여 가난하게 되심은"(고후 8:9).

하나님은 자기 자녀들을 위해 모든 것을 다스리십니다. 호텔의 빈방이나 에어비앤비의 예약가능 여부까지 다스리십니다. 갈보리로 향하는 길은 베들레헴의 "빈방 없음" 표시로 시작해서 예루살렘에서의 침 뱉음과 조롱으로 끝납니다.

예수님이 다음과 같이 말씀하신 것을 잊지 마십시오. "아무든지 나를 따라오려거든 자기를 부인하고 날마다 제 십자가를 지고 나를 따를 것이니라"(눅 9:23).

"내가 너희에게 종이 주인보다 더 크지 못하다 한 말을 기억하라 사람들이 나를 박해하였은즉 너희도 박해할 것이요"(요 15:20).

예수님은 "어디로 가시든지 나는 따르리이다"라고 열정적으로 외쳤던 사람에게 "여우도 굴이 있고 공중의 새도

집이 있으되 인자는 머리 둘 곳이 없도다"라고 말씀하셨습니다(눅 9:57-58).

하나님은 베들레헴에 빈방이 있게 하실 수도 있었습니다. 그러나 그렇게 하셨다면 그것은 갈보리를 향하는 길에서 벗어난 쉬운 길이었을 것입니다.

Day 6

"너희가 가서 강보에 싸여 구유에 뉘어 있는
아기를 보리니 이것이 너희에게 표적이니라 하더니,
홀연히 수많은 천군이 그 천사들과 함께
하나님을 찬송하여 이르되, 지극히 높은 곳에서는
하나님께 영광이요 땅에서는 하나님이
기뻐하신 사람들 중에 평화로다 하니라."

누가복음 2:12-14

기뻐하신 사람들 중의 평화

평화는 누구에게 주어지나요? "하나님의 은총을 받은 사람들 중에 평화로다. 하나님이 기뻐하신 사람들 중에 평화로다."라는 천사들의 찬송에는 심각한 내용이 포함되어 있습니다. 성탄절에 모든 이가 평화를 얻지는 못한다는 것입니다.

"그 정죄는 이것이니 곧 빛이 세상에 왔으되 사람들이 자기 행위가 악하므로 빛보다 어둠을 더 사랑한 것이니라"(요 3:19).

나이 많은 시므온은 아기 예수님을 보고 이렇게 말합니다. "보라 이는 이스라엘 중 많은 사람을 패하거나 흥하게 하며 비방을 받는 표적이 되기 위하여 세움을 받았고…여러 사람의 마음의 생각을 드러내려 함이니라"(눅 2:34-35). 오! 얼마나 많은 이들에게 성탄절이란 그저 암울하고 불길한 날에 불과한지요. 예수님은 "비방을 받는 표적"이 되기 위해 세움을 받으셨습니다.

"자기 땅에 오매 자기 백성이 영접하지 아니하였으나 영접하는 자 곧 그 이름을 **믿는** 자들에게는 하나님의 자녀가 되는 권세를 주셨으니"(요 1:10-11). 예수님은 오로지 제자들을 향해서만 평안을 선포하셨습니다. "평안을 너희에게 끼치노니 곧 나의 평안을 너희에게 주노라 내가 너희에게 주는 것은 세상이 주는 것과 같지 아니하니라 너희는 마음에 근심하지도 말고 두려워하지도 말라"(요 14:27).

"모든 지각에 뛰어난 하나님의 평강"을 누리는 사람은 모든 일에 기도와 간구로 그들의 구할 것을 하나님께 아뢰는 사람입니다(빌 4:6-7).

하나님의 평화의 보물 창고를 여는 열쇠는 그분의 약속을 믿는 믿음입니다. "소망의 하나님이 모든 기쁨과 평강을 **믿음** 안에서 너희에게 충만하게 하사"(롬 15:13). 우리가 하나님의 약속을 참으로 신뢰하고 기쁨과 평강과 사랑을 가질 때, 하나님은 영광을 받으십니다.

지극히 높은 곳에서는 하나님께 영광이요 땅에서는 하나님이 기뻐하신 사람들 중에 평화로다! 각 족속과 방언과 나라 중에서 믿음으로 하나님 앞에 나오는 모든 사람들에게 평화가 주어질 것입니다.

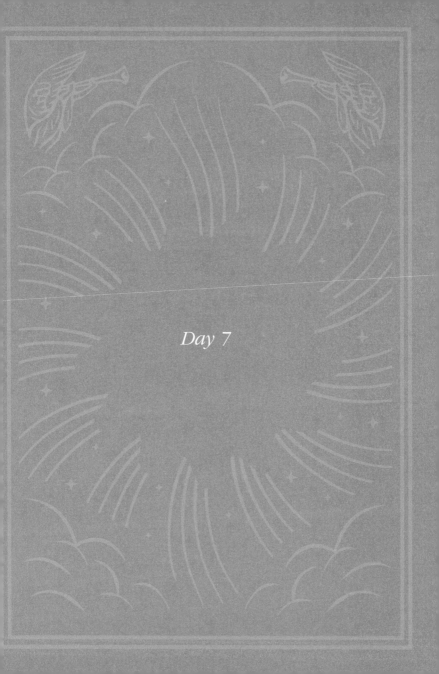

Day 7

"혜롯 왕 때에 예수께서 유대 베들레헴에서 나시매
동방으로부터 박사들이 예루살렘에 이르러 말하되,
유대인의 왕으로 나신 이가 어디 계시냐
우리가 동방에서 그의 별을 보고
그에게 경배하러 왔노라 하니."

마태복음 2:1-2

동방 박사들을 위한 메시아

누가와 달리 마태는 예수님을 뵙기 위해 마굿간으로 찾아
온 목자들에 대해 언급하지 않습니다. 마태는 예수님을 경
배하기 위해 동방에서 온 이방인들(유대인이 아닌 자)에게 초
점을 맞춥니다.

마태복음의 시작과 끝에서, 예수님은 단지 유대인만을
위한 메시아가 아닌 전 인류를 위한 메시아로 묘사됩니다.

아기 예수님을 예배한 첫 번째 예배자는 이스라엘 사람
이 아니었습니다. 그들은 동방(바벨론으로 추정됨)에서 온 박사
들(궁정마법사 혹은 천문학자 혹은 현자)로서, 구약의 율법에 의하
면 부정한 이방인이었습니다.

마태복음의 말미에는 예수님의 마지막 말씀이 나옵니
다. "하늘과 땅의 모든 권세를 내게 주셨으니 그러므로 너

희는 가서 모든 민족을 제자로 삼아"(마 28:18-19).

이 말씀은 이방인들도 메시아 안에서 기뻐할 수 있다는 선포였을 뿐 아니라, 예수님이 메시아라는 또 하나의 증거입니다. 메시아에 관해 반복되는 예언들 중에는 온 나라와 왕들이 세상의 통치자인 메시아에게 나아온다는 예언도 있기 때문입니다. 예를 들어, 이사야 60:3은 이렇게 말합니다.

"나라들은 네 빛으로, 왕들은 비치는 네 광명으로 나아 오리라."

마태는 예수님이 메시아라는 증거를 추가하고 있습니다. 마태는 예수님이 이스라엘뿐 아니라 모든 나라를 위한 메시아(왕이자 약속 성취자)임을 보입니다.

Day 8

"유대인의 왕으로 나신 이가 어디 계시냐.
우리가 동방에서 그의 별을 보고
그에게 경배하러 왔노라 하니."

마태복음 2:2

베들레헴의 초자연적인 별

성경에는 어떻게 그런 일이 일어났는지 궁금하게 만드는 놀라운 일들이 많이 나옵니다. 오늘 본문의 "별"도 그렇습니다. 과연 이 "별"은 어떻게 동방 박사들을 동방에서 예루살렘까지 가게 했을까요?

성경은 이 별이 동방 박사들을 인도했다거나 그들보다 앞서갔다고 말하지 않습니다. 단지 동방 박사들이 동방에서 그 별을 보고 예루살렘으로 왔다고 담백하게 말할 뿐입니다(마 2:2). 그렇다면 이 별은 어떻게 예루살렘에서 베들레헴까지의 5마일 남짓 되는 거리를 박사들보다 앞서갔던 것일까요? 그리고 어떻게 "아기 있는 곳 위에 머물러"(마 2:9) 있을 수 있었을까요?

우리는 그 답을 알 수 없습니다. 행성, 혜성, 초신성, 기적적인 빛 등으로 이를 설명하려는 여러 시도가 있었지만, 우리는 정답을 알 수 없습니다. 그러니 확실하지 않은 가설에 신경 쓰느라 중요한 영적 의미를 놓치는 잘못을 범하지 마십시오.

너무 일반화하는 것일 수도 있지만, 여러분에게 경고합니다. 별이 어떻게 움직였고, 홍해가 어떻게 갈라졌고, 만나가 어떻게 하늘에서 떨어졌고, 요나가 어떻게 물고기 뱃속에서 살아남았고, 달이 어떻게 붉게 변했는지 등에 관심을 집중하는 사람들은, 일반적으로 제가 '미미한 것을 찾는 정신'이라고 부르는 정신을 가진 사람들입니다. 그들은 복음의 핵심 진리들, 즉 하나님의 거룩하심, 죄의 추함, 인간의 무능, 그리스도의 죽음, 오직 믿음에 의한 칭의, 성령의 성화 사역, 그리스도의 재림의 영광, 최후의 심판 등을 참으로 소중히 여기는 모습을 보이지 않습니다. 그들은 언제나 미미한 것을 다루는 새로운 글이나 책에 열광하면서, 여러분을 곁길로 가게끔 유혹합니다. 그들에게는 위대하고 중심이 되는 현실을 기뻐하는 것이 결여되어 있습니다.

동방 박사들을 인도한 별과 관련하여 명백한 점은 바로

그 별이 스스로는 할 수 없는 어떤 일을 하고 있다는 것입니다. 즉, 그 별은 동방 박사들을 하나님의 아들에게로 인도하여 그분을 경배하게 했습니다.

성경적 사고방식으로 생각해볼 때, 그 별들이 그렇게 한 배후에는 오직 한 인격이 계십니다. 바로 하나님이십니다.

따라서 이 일의 교훈은 분명합니다. 하나님이 이방인들을 인도하여 그리스도를 경배하게 하신 것입니다. 그리고 그 일을 이루기 위해 전 세계적으로(필시 우주적으로) 능력을 행하신 것입니다.

누가복음에는 하나님이 정확한 때에 로마 제국 전체를 움직여 인구 조사를 하게 하셔서, 한 처녀가 베들레헴으로 가서 그곳에서 아기를 낳아 구약의 예언을 성취한 사실이 기록되어 있습니다. 마태복음에는 하나님이 하늘의 별들을 움직여서 소수의 이방인들이 베들레헴에 가서 예수님을 경배하게 하신 사실이 기록되어 있습니다.

이 모든 것이 하나님의 계획입니다. 하나님은 그때 "모든 민족"(마 24:14)이 그분의 아들을 경배하게 하셨으며, 지금도 그 일을 행하고 계십니다.

이것은 당신의 직장, 학교, 이웃, 가정 안의 모든 사람을 향한 하나님의 뜻입니다. "아버지께서는 자기에게 이렇게 예배하는 자들을 찾으시느니라"(요 4:23).

마태복음의 앞부분에서 우리는 계속해서 "와서 보라"는 패턴을 봅니다. 그러나 끝부분에서는 "가서 말하라"는 패턴을 봅니다. 동방 박사들은 와서 보았습니다. 우리는 가서 말해야 합니다.

그러나 동일한 것이 있습니다. 하나님의 아들을 경배하도록 열방을 모으시는 하나님의 목적과 능력은 동일합니다. 모든 민족의 열렬한 예배 가운데 그리스도께서 높임을 받으시는 것, 그것이 바로 이 세상의 존재 이유입니다.

Day 9

"헤롯 왕과 온 예루살렘이 듣고 소동한지라."

마태복음 2:3

두 부류의 반대 세력

예수님을 예배하길 거부하는 자들에게 예수님은 골칫거리입니다. 그래서 그들은 예수님을 반대하며 또한 예수님을 따르는 사람들을 반대합니다. 이것은 마태복음의 주요 요점은 아니지만, 복음서에서 뚜렷이 부각되는 주제입니다.

마태복음의 이야기 중에, 메시아이신 예수님을 예배하길 거부하는 두 부류의 사람들이 등장합니다.

첫 번째 부류는 **예수님에 대해 별 신경을 쓰지 않는 사람들**입니다. 그들에게 예수님은 별것 아닌 존재입니다. 예수님이 이 땅에 오셨을 때 대제사장과 서기관들이 바로 그런 태도를 보였습니다. "왕이 모든 대제사장과 백성의 서기관들을 모아 그리스도가 어디서 나겠느냐"고 묻자(마 2:4), 그들은 왕의 질문에 대답한 후 그냥 일상으로 돌아가 버립니다. 당시 일어나고 있는 일이 얼마나 큰일인지 감안해볼 때, 그들의 무관심은 어처구니없었습니다.

마태복음 2:3은 "헤롯 왕과 온 예루살렘이 듣고 소동한지라"라고 말합니다. 다시 말해, 그때 이미 메시아 탄생에 관한 소문이 돌았습니다. 그런데도, 대제사장들은 수수방관할 뿐입니다. 그들은 왜 동방 박사들과 함께 예수님에게 경배하러 가지 않았을까요? 그들은 그저 관심이 없었습니다. 그들은 하나님의 아들을 찾아뵙고 예배하는 데 아무런 열정이 없었습니다.

예수님을 예배하길 거부하는 두 번째 부류는 **예수님 때문에 자신의 지위를 위협받는 사람들**입니다. 헤롯 왕이 이에 해당합니다. 그는 너무나 두려웠습니다. 그래서 예수님을 죽이려고 비책을 강구하고, 대량 학살도 마다하지 않았습니다.

오늘날에도 그리스도와 그분의 예배자들은 무관심과 적개심이라는 두 부류의 반대 세력에 직면할 것입니다. 저는 여러분이 이 두 그룹 중 하나에 속해 있지 않기를 참으로 바랍니다.

만일 당신이 그리스도인이라면, 이번 성탄절을 맞아 메시아를 예배하고 따르는 것이 어떤 대가를 요구하는지 깊이 생각해보시기 바랍니다.

Day 10

"그들이 별을 보고 매우 크게 기뻐하고 기뻐하더라.
집에 들어가 아기와 그의 어머니 마리아가
함께 있는 것을 보고, 엎드려 아기께 경배하고
보배합을 열어 황금과 유향과 몰약을 예물로 드리니라."

마태복음 2:10-11

황금, 유향 그리고 몰약

하나님은 "무엇이 부족한 것처럼 사람의 손으로 섬김을 받으시"지 않습니다(행 17:25). 동방 박사들의 예물은 하나님의 필요를 충족하기 위한 것이 아니었습니다. 외국에서 온 사절이 왕에게 구호용품 따위를 바친다면, 그것은 왕을 명예롭게 하지 못할 것입니다.

동방 박사들의 예물은 뇌물도 아니었습니다. 신명기 10:17은, 하나님은 뇌물을 받지 않으신다고 말합니다. 그렇다면 그 예물은 어떤 의미를 갖나요? 그 예물을 바치는 것이 어떤 면에서 예배 행위가 되나요?

부유하고 모든 것이 풍족한 사람에게 바치는 선물은, 그 사람의 결핍을 채우는 데 주목적이 있지 않고 그 사람의 가치를 드러내는 데 주목적이 있습니다. 그리스도께 드리는 예물도 그러합니다. 그리스도께 드리는 예물은 어떤 면에서 금식(무언가 결핍된 채로 지내는 것)과 유사해서, 지금 자기 손을 떠나는 물건보다 그리스도께서 더 가치 있음을 선포하는 의미를 갖습니다.

당신이 그리스도께 예물을 드릴 때, 그것은 다음과 같은 고백입니다. "제가 추구하는 기쁨은(동방 박사들은 별을 보고 매우 크게 기뻐하고 기뻐했습니다, 마 2:10 참조) 주님께 무엇을 드리는 대가로 무엇을 받아내서 더 부유해지는 데 있지 않습니다. 저는 주님이 주시는 물질에 관심이 있어서 주님께 나아온 것이 아닙니다. 저의 관심은 바로 주님께 있습니다. 저는 물질이 아니라 주님을 더 즐거워하길 바라는 소망 가운데 이 예물을 드립니다. 이로써 저의 소망을 더 강화하고 이를 외적으로 표현하고자 합니다. 주님은 이 예물을 필요로 하지 않으시나, 저는 단지 제가 즐거워할 만한 것을 주께 드림으로, 이 물건들이 아닌 주님이 저의 보물이심을 더 간절하고 더 진실되게 고백합니다."

저는 황금과 유향과 몰약의 예물로 하나님을 예배한 의미가 이와 같다고 생각합니다. 또한, 하나님께 드리는 모든 것에는 같은 의미가 내포되어 있을 것입니다.

하나님이 이 본문의 진리를 사용하여 우리 안에 그리스도를 향한 갈망을 일으키시기를 기원합니다. 우리의 심령 깊은 곳에서부터 다음과 같이 말하게 하시길 기원합니다. "주 예수님, 주님은 메시아시요 이스라엘의 왕이십니다. 모든 나라가 주님 앞에 나와 무릎 꿇고 경배할 것입니다. 하나님은 이를 위해 세상을 흔드실 것입니다. 따라서 저는 어떤 반대에 직면하더라도, 기꺼이 주님께 권위와 위엄을 돌립니다. 그리고 이 예물들이 아닌 오직 주님만이 제 마음을 만족시키실 수 있다는 것을 말씀드리기 위해 이 예물들을 주께로 가져옵니다."

Day 11

"자녀들은 혈과 육에 속하였으매
그도 또한 같은 모양으로 혈과 육을 함께 지니심은
죽음을 통하여 죽음의 세력을 잡은 자
곧 마귀를 멸하시며, 또 죽기를 무서워하므로
한평생 매여 종 노릇 하는 모든 자들을
놓아 주려 하심이니."

히브리서 2:14-15

예수님이 오신 이유

히브리서 2:14-15는 제가 가장 좋아하는 대림절 본문입니다. 이 말씀은 예수님의 지상생활의 시작과 끝, 곧 예수님의 성육신과 십자가 죽음 사이의 연관성을 명확히 보여줍니다. 예수님이 죽기 위해 이 땅에 오신 이유를 분명하게 말해줍니다. 이 말씀을 사용해서, 믿지 않는 친구나 가족에게 성탄의 의미를 차근차근 소개해줄 수 있습니다. 한 번에 한 소절씩 설명해보겠습니다.

"자녀들은 혈과 육에 속하였으매…"

"자녀들"이라는 용어는 바로 앞 구절인 13절에 나오는 용어입니다. 이는 그리스도의 영적 자녀를 가리키며(사 8:18,

53:10 참조), 다른 말로 "하나님의 자녀"라고 할 수도 있습니다(요 1:12). 하나님은 그리스도를 보내실 때 특별히 자기 "자녀들"의 구원을 염두에 두셨습니다. 물론 "하나님이 세상을 이처럼 사랑하사" 예수님을 보내신 것도 맞습니다(요 3:16). 그러나 하나님께는 모으실 "흩어진 하나님의 자녀"들이 있는 것 또한 사실입니다(요 11:52). 하나님의 계획은 그리스도를 내어주고 자기 "자녀들"을 구원하시는 것이었습니다(딤전 4:10 참조). 그리스도를 영접하는 자는 하나님의 자녀로 입양될 수 있습니다(요 1:12).

"그도 또한 같은 모양으로 [혈과 육을] 함께 지니심은…"

이 말씀에는 그리스도께서 성육신 이전에도 존재하셨다는 의미가 담겨 있습니다. 그분은 영이셨고, 영원한 말씀이셨으며, 하나님과 함께 계셨고, 하나님이셨습니다(요 1:1; 골 2:9). 그러나 그분은 혈과 육을 취하시고, 자신의 신성을 인성으로 옷 입히셨습니다. 그렇게 완전한 인간이 되셨고, 그럼에도 완전한 하나님으로 남으셨습니다. 이것은 여러모로 큰 신비입니다. 그러나 이것은 우리 믿음의 핵심 진리이며 성경이 그렇게 가르칩니다.

"죽음을 통하여…"

예수님이 인간이 되신 것은 죽기 위해서였습니다. 하나님으로서 그분은 우리 죄인들을 위해 죽으실 수 없었습니다. 그러나 인간으로서는 그러실 수 있었습니다. 그분의 목적은 죽는 것이었습니다. 따라서 그분은 인간으로 태어나셔야 했습니다. 그분은 죽기 위해 태어나셨습니다. 성 금요일은 성탄절의 목적입니다. 성탄절의 의미에 대해 오늘날 모든 이가 들어야 하는 진리는 바로 이것입니다.

"죽음의 세력을 잡은 자 곧 마귀를 멸하시며…"

죽음 안에서, 그리스도는 마귀의 권세를 폐하셨습니다. 어떤 방법을 사용하여 마귀의 권세를 폐하셨나요? 우리의 모든 죄를 덮으심으로써 그렇게 하셨습니다. 사탄은 더 이상 하나님 앞에서 우리를 정죄할 근거를 갖지 못합니다. "누가 능히 하나님께서 택하신 자들을 고발하리요 의롭다 하신 이는 하나님이시니"(롬 8:33). 하나님이 우리를 의롭다 하시는 근거는 무엇입니까? 우리의 의로움의 근거는 예수님의 피입니다(롬 5:9).

우리를 대적하는 사탄의 궁극적인 무기는 우리의 죄입니다. 따라서 예수님의 죽음으로 우리의 죄가 제거되면, 사탄은 자기의 주된 무기를 빼앗기게 됩니다. 재판관이신 하나님이 그의 아들의 죽음으로 우리에게 무죄 판결을 내리셨으므로, 사탄은 이제 우리의 사형을 주장할 수 없습니다!

"또 죽기를 무서워하므로 한평생 매여 종 노릇 하는 모든 자들을 놓아 주려 하심이니."

따라서 우리는 죽음의 공포에서 자유롭습니다. 하나님이 우리를 의롭다 하셨고, 사탄은 그 판결을 뒤집을 수 없습니다. 이렇게 확보된 우리의 "궁극적인" 안전은 우리 삶

속에서 "즉각적인" 효력을 발휘합니다. 장래의 행복한 결말이 지금 이 순간의 종 노릇과 두려움을 없애 버립니다. 그것이 하나님의 뜻입니다.

우리의 최대의 적인 죽음을 두려워할 필요가 없다면, 다른 무엇도 두려워할 필요가 없습니다. 우리는 자유할 수 있습니다. 기쁨을 위해 자유할 수 있으며, 다른 사람들을 위해 자유할 수 있습니다.

하나님이 주신 성탄 선물은 얼마나 값진지요! 이 선물은 우리로부터 세상에 전달되는 것이기도 합니다!

Day 12

"지금 우리가 하는 말의 요점은
이러한 대제사장이 우리에게 있다는 것이라.
그는 하늘에서 지극히 크신 이의
보좌 우편에 앉으셨으니,
성소와 참 장막에서 섬기는 이시라.
이 장막은 주께서 세우신 것이요
사람이 세운 것이 아니니라."

히브리서 8:1-2

DAY 12
실체가 오심

히브리서의 요점은, 하나님의 아들 예수 그리스도께서 단지 최고의 인간 제사장 또는 최종의 인간 제사장 직분을 수행하려고 이 땅에 오신 것이 아니라, 그 제사 제도를 완전히 성취하여 끝내고, 우리의 모든 관심을 자신에게로 모으기 위해 오셨다는 것입니다. 이를 위해 예수님은 갈보리에서 우리의 희생제물이 되셨으며, 하늘에서 우리의 최종적인 제사장으로 섬기셨습니다.

구약의 성막과 제사장과 희생제물은 모두 그림자였습니다. 이제 실체이신 예수님이 오셨으니 그림자들은 사라집니다.

아이들을 위한 대림절 예화를 말해보겠습니다. 한때 어린아이였으며 그때 일을 기억하는 우리들을 위한 예화이

기도 합니다. 어린아이인 당신과 당신의 어머니가 마트에서 서로를 잃어버렸다고 가정해봅시다. 당신은 겁에 질려 당황하고 어디로 가야 할지 몰라 우왕좌왕합니다. 당신은 통로 끝까지 달려가봅니다. 거기서 울음을 터뜨리기 직전에 드디어 어머니의 그림자를 발견합니다. 그 그림자는 당신을 참으로 기쁘게 하고 희망을 갖게 합니다. 그렇지만 그림자를 볼 때 느끼는 안도감과 실제로 어머니가 모퉁이를 돌아 당신 앞에 서 있는 것 중 어느 것이 더 좋습니까?

우리의 대제사장이신 예수님이 이 땅에 오셨다는 사실은 우리에게 그런 기쁨을 줍니다. 어머니의 실제 모습이 어린아이에게 안도감과 기쁨을 주는 것처럼, 성탄절은 그림자를 실체로 대체하는 것입니다.

(그리스도의 오심이 어떻게 구약의 그림자를 대체하는지는 책 끝의 부록을 참고할 것.)

Day 13

"지금 우리가 하는 말의 요점은
이러한 대제사장이 우리에게 있다는 것이라.
그는 하늘에서 지극히 크신 이의 보좌 우편에 앉으셨으니,
성소와 참 장막에서 섬기는 이시라.
이 장막은 주께서 세우신 것이요
사람이 세운 것이 아니니라…
그들이 섬기는 것은 하늘에 있는 것의 모형과 그림자라.
모세가 장막을 지으려 할 때에 지시하심을 얻음과 같으니
이르시되 삼가 모든 것을 산에서 네게 보이던
본을 따라 지으라 하셨느니라."

히브리서 8:1-2, 5

궁극적인 실체가 오심

앞에서 성탄절은 그림자를 실체로 대체하는 것이라고 했습니다. 이에 대해 더 살펴보겠습니다.

히브리서 8:1-2, 5는 일종의 요약문입니다. 요점은, 평범하고, 연약하고, 죄 많고, 결국에는 자신도 죽는 구약 시대의 여느 제사장이 아니라, 불멸의 생명을 지닌, 강하고, 죄 없는 하나님의 아들께서 우리와 하나님 사이에서 우리를 하나님 앞에 의롭게 하고, 우리를 위해 기도하는 제사장이 되신다는 겁니다.

그분이 섬기는 곳은, 낡고, 곰팡이가 피고, 물에 젖고, 불에 타고, 파손되고, 도둑맞는 이 땅의 한정된 장소, 이 땅의 성전이 아닙니다. 그리스도께서는 사람이 세운 장막이 아닌 "주께서 세우신" 참 장막에서 섬기십니다(2절). 이것은 그림자가 아니라 하늘에 있는 실체입니다. 이것은 모세가 시내 산에서 전해 들은 식양대로 만들었던 이 땅의 성막의 실체입니다.

히브리서 8:1에는 실체가 그림자보다 훨씬 더 뛰어남을 나타내는 또 하나의 위대한 요소가 나옵니다. 우리의 대제사장께서 하늘에서 지극히 크신 이의 보좌 우편에 앉아 계시다는 사실입니다. 구약의 어떤 제사장도 그러지 못했습니다.

예수님은 성부 하나님을 직접 대면하여 상대하십니다. 그분은 하나님 옆의 영광스러운 자리에 앉아 계십니다. 그분은 하나님의 무한한 사랑과 존중을 받으십니다. 그분은 끊임없이 하나님과 함께 계십니다. 이것은 휘장, 그릇, 진설병 상, 촛대, 제사장 가운, 숫, 양, 염소, 비둘기와 같은 그림자가 아닙니다. 이것은 궁극적인 실체입니다. 하나님과 그의 아들께서는 우리의 영원한 구원을 위해 사랑과 거룩함 안에서 상호 작용하고 계십니다.

성삼위 하나님의 위격들께서 구원받은 백성들 가운데 하나님의 위엄과 거룩하심과 사랑과 의와 선하심과 진리

를 드러내는 것과 관련하여 상호 작용하십니다. 이것이 바
로 궁극적인 실체입니다.

Day 14

"그러나 이제 그는 더 아름다운 직분을 얻으셨으니
그는 더 좋은 약속으로 세우신
더 좋은 언약의 중보자시라."

히브리서 8:6

DAY 14

마음에 하나님의 법을 기록하심

히브리서 8:6에서 그리스도는 새 언약의 중보자로 소개
됩니다. 그렇다면 새 언약의 중보자란 과연 무슨 의미일
까요? 이는 그리스도께서 그의 피, 곧 언약의 피(눅 22:20; 히
13:20)로 값을 치르고 우리를 위해 하나님의 언약 성취를 확
보하신 것을 의미합니다.

또한, 새 언약의 약속에 따라, 하나님이 그리스도의 영으
로 우리 안에 내적인 변화를 일으키신다는 것을 의미합니
다.

또한, 그리스도 안에서 우리를 위하시는 하나님을 신뢰
하는 우리의 믿음을 통해, 하나님이 우리 안에 내적인 변화
를 일으키신다는 것을 의미합니다.

새 언약은 그리스도의 **핏값으로** 확보되었으며, 그리스도

의 **영께서** 이를 실현시키시며, 그리스도를 믿는 **믿음으로** 우리는 이를 제 것으로 취합니다.

히브리서 13:20-21은 새 언약의 중보자이신 그리스도의 사역에 대해 많은 것을 말해줍니다.

"양들의 큰 목자이신 우리 주 예수를 영원한 언약의 피로 죽은 자 가운데서 이끌어 내신 평강의 하나님이 모든 선한 일에 너희를 온전하게 하사 자기 뜻을 행하게 하시고 **그 앞에 즐거운 것을 예수 그리스도로 말미암아 우리 가운데서 이루시기를 원하노라** 영광이 그에게 세세무궁토록 있을지어다 아멘."

"그 앞에 즐거운 것을⋯우리 가운데서 이루시기를 원하노라"라는 부분은, 하나님이 새 언약에 의거하여 우리 마음에 자신의 법을 기록하실 때, 무슨 일이 일어나는지 알려줍니다. 그리고 "예수 그리스도로 말미암아"라는 부분은, 예수님이 이 영광스럽고 주권적인 은혜의 사역의 중보자이심을 알려줍니다.

그러므로 성탄절은 하나님이 그림자를 실체로 대체하셨다는 의미일 뿐 아니라, 하나님이 직접 역사하여 자기 백성들에게 그 실체가 현실로 구현되게 하신다는 의미를 갖습니다. 하나님은 그 실체를 우리 마음에 기록하십니다. 비유하자면, 하나님은 구원과 성화라는 성탄 선물을 크리스마스 트리 아래 놓아 두고 우리 각자가 자기 힘으로 취하도록 하시지 않습니다. 하나님은 그 선물을 우리 마음과 생각 안에 직접 넣어주시며, 하나님의 자녀되었다는 확신을 우리에게 인쳐주십니다.

Day 15

"도둑이 오는 것은 도둑질하고 죽이고
멸망시키려는 것뿐이요, 내가 온 것은 양으로
생명을 얻게 하고 더 풍성히 얻게 하려는 것이라."

요한복음 10:10

성탄절에 생각하는
생명과 죽음

이 묵상글을 쓰려고 하던 참에, 마리온 뉴스트럼이 하나님의 부름을 받았다는 소식을 들었습니다. 그녀와 그녀의 남편 엘머는 우리 교회 교인들 대부분이 태어나기 전부터 우리 교회의 교인이었습니다. 그녀는 87세를 일기로 생을 마쳤으며, 그들은 64년간의 결혼 생활을 이어 오던 중이었습니다.

저는 홀로 남은 엘머에게 주 안에서 강건하고 삶에 대한 기대를 버리지 말라고 권면했습니다. 그러자 그는 "주님은 그동안 저의 진정한 친구이셨습니다"라고 말했습니다. 저는 모든 그리스도인이 생의 마지막 때에 이르러, "그리스도께서는 저의 진정한 친구이셨습니다"라고 말할 수 있기를 기도합니다.

저는 대림절마다 어머니의 기일을 맞습니다. 어머니는 56세를 일기로 이스라엘에서 버스 사고로 돌아가셨습니다. 1974년 12월 16일의 일이고, 지금도 그때의 기억이 생생합니다. 감정을 추스리지 않으면, 쉽게 눈물이 흐를 정도입니다. 가령, 제 아들들이 할머니를 만나보지도 못했다는 것을 생각하면 슬픔이 북받칩니다. 어머니는 성탄절 다음 날에 땅에 묻혔습니다. 얼마나 귀한 성탄절이었는지요!

성탄절 시즌에는 가족을 잃은 상실감이 더 크게 느껴질 수 있습니다. 그런 감정을 일부러 억제하지는 마십시오. 자연스럽게 받아들이고 느끼십시오. 살아 있을 때와 마찬가지로 사후에도 우리의 애정을 강화시키지 않는다면, 사랑이란 무엇을 위한 것입니까? 그러나 비통해하지는 마십시오. 비통해하는 것은 자기 파괴적입니다.

예수님은 우리로 영생을 얻게 하려고 성탄절에 오셨습니다. "내가 온 것은 양으로 생명을 얻게 하고 더 풍성히 얻게 하려는 것이라"(요 10:10). 엘머와 마리온은 그들의 말년을 어디에서 보낼지 의논했었습니다. 그리고 엘머는 "나와 마리온은 우리의 최종적인 집은 주님과 함께 있는 것이 될 거라 는 데 의견의 일치를 보았습니다"라고 말했습니다.

당신은 고향 집에 가고 싶어 안달이 납니까? 저는 명절 이면 집을 찾아오는 가족이 있습니다. 고향 방문은 기분 좋 은 일입니다. 그것이 기분 좋은 이유는, 우리가 존재 깊은 곳에서 궁극적인 본향을 지향하도록 운명 지어졌기 때문 입니다. 다른 모든 귀향은 이 궁극적인 귀향을 미리 맛보 는 것입니다. 이렇게 미리 맛보는 것은 참 좋은 일입니다.

본향을 대신해 버리지 않는 한, 가족과 함께 시간을 보내 기 위한 귀향은 참 좋은 일입니다. 하지만 성탄절 연휴 기 간에 누리는 온갖 달콤한 것들이 궁극적이고 위대하고 완 전한 만족의 달콤함을 대신해 버리지 않게 주의하십시오. 연휴에 느끼는 상실감과 기쁨으로 인해 천국을 더욱더 사 모하십시오.

양으로 생명을 얻게 하려고 예수님이 이 땅에 오신 것이 성탄절의 핵심입니다. 마리온이나 제 어머니나 여러분이나 제가 지금 그리고 영원히 생명을 얻게 하려고 예수님이 오 셨습니다.

"영원"의 샘에서 생수를 마심으로써 이번 성탄절에 당신의 "지금"을 더 풍성하고 깊게 하십시오. 성탄절이 가까이 다가오고 있습니다.

Day 16

"이러므로 하나님이 그를 지극히 높여
모든 이름 위에 뛰어난 이름을 주사,
하늘에 있는 자들과 땅에 있는 자들과
땅 아래에 있는 자들로
모든 무릎을 예수의 이름에 꿇게 하시고,
모든 입으로 예수 그리스도를 주라 시인하여
하나님 아버지께 영광을 돌리게 하셨느니라."

빌립보서 2:9-11

하나님의 가장 성공적인
일보 후퇴

성탄절은 하나님의 가장 성공적인 일보 후퇴의 시작입니다. 하나님은 겉으로는 명백한 패배로 보이는 것을 통해 위대한 능력을 나타내십니다. 하나님은 전략적 승리를 위해 전술적 퇴각을 행하십니다.

야곱의 열두 아들 중 하나인 요셉은 꿈 속에서 영광과 권세를 약속받았습니다(창 37:5-11). 하지만 위대한 승리를 얻기 전에, 애굽에서 종이 되어야 했고, 심지어 무고한 옥살이를 해야 했습니다.

그러나 이 모든 것이 하나님의 계획 가운데 있었습니다. 하나님은 요셉과 그의 가족의 유익을 위해, 그리고 온 세상의 유익을 위해 이 모든 일을 계획하셨습니다. 요셉은 감옥에서 바로의 술 맡은 관원장을 만났고, 그것이 계기가 되어 바로 앞에서 꿈을 해석하고 애굽의 총리가 되었습니다. 마침내 요셉의 꿈이 이루어졌습니다. 요셉의 형제들이 요셉에게 절을 했고, 요셉은 형제들의 굶주림을 해결해주었습니다. 요셉은 참으로 기이한 경로를 거쳐 영광을 얻었습니다.

하나님의 방법이 바로 그와 같습니다. 하나님은 자신의 아들을 위해서도 그러한 방법을 계획하셨습니다. 아들께서는 자기를 비워 종의 형체를 취하셨고, 종보다 못한 죄수의 신분으로 처형되셨습니다. 그러나 그분은 요셉처럼 인내하며 온전함을 지키셨습니다. "이러므로 하나님이 그를 지극히 높여 모든 이름 위에 뛰어난 이름을 주사…모든 무릎을 예수의 이름에 꿇게 하시고"(빌 2:9-10).

우리에게도 하나님은 그러한 방법을 사용하십니다. 우리는 영광을 약속받았지만, "그와 함께 영광을 받기 위하여 고난도 함께 받아야" 할 것입니다(롬 8:17). 위로 올라가려면 먼저 아래로 내려가야 합니다. 앞으로 나아가려면 먼저 뒤로 물러나야 합니다. 성공으로 가려면 먼저 하나님이 주권적으로 안배하신 실패를 통과해야 합니다.

이번 성탄절에 요셉의 길과 예수님의 길에서 배울 것이 있습니다. 사탄과 악한 사람들이 우리를 해하려 하더라도, "하나님은 그것을 선으로 바꾸"십니다(창 50:20).

두려워하는 성도여, 용기를 내시오.
당신이 몹시 두려워하는 구름은
큰 긍휼의 습기를 가득 머금고 부풀어 올라서
결국 당신의 머리 위에 축복의 비로 내릴 것이오.[4]

---

4. William Cowper, "God Moves in a Mysterious Way," 1773.

Day 17

"여호와의 말씀이니라.
보라 날이 이르리니 내가 이스라엘 집과
유다 집에 새 언약을 맺으리라."

예레미야 31:31

상상할 수 있는 가장 위대한 구원

하나님은 공의롭고 거룩하셔서 우리 같은 죄인들에게서 분리되어 계십니다. 이 공의롭고 거룩하신 하나님 앞에 어떻게 의인으로 설 수 있는가, 이것이 성탄절을 맞이하는 우리의 주된 문제입니다.

자비로우신 하나님은, 장차 행할 새 일에 대해 (그리스도께서 오시기 500년 전에 기록된) 예레미야 31장에서 약속하셨습니다. 하나님은 그림자들을 메시아의 실체로 대신하실 것입니다. 하나님은 우리 삶 속에 능력을 행하셔서, 우리 마음에 자신의 뜻을 기록하실 것입니다. 그래서 우리가 억지로가 아니라 마음 중심에서 자원하여 하나님을 사랑하고 믿고 따르게 하실 것입니다.

우주에서 가장 위대한 실체를 내어주어, 자유롭게 된 영

혼이 이를 가장 큰 기쁨으로 즐거워할 수 있게 해주는 것
보다 더 큰 구원은 없을 것입니다. 이러한 성탄 선물을 받
은 자는 하나님을 찬양함이 마땅합니다.

하나님이 새 언약 안에서 약속하신 것이 바로 그것입니
다. 그러나 우리의 죄가 걸림돌이 되고, 우리와 하나님 사이
에 거리를 낸 우리의 불의도 걸림돌이 됩니다.

거룩하고 공의로우신 하나님이 우리 같은 죄인들에게
어떻게 친절을 베푸실 수 있나요? 어떻게 우주에서 가장
위대한 실체이신 그분의 아들을 우리의 기쁨을 위해 내어
주실 수 있나요?

답은 다음과 같습니다. 하나님은 우리의 죄를 자기 아들
에게 담당시키시고, 아들 안에서 심판을 행하셨습니다. 이
를 통해 우리의 죄를 자신의 마음 밖에 두시고 우리에게
긍휼을 베풀어도 자신의 공의와 거룩에 손상을 입지 않으
실 수 있었습니다. 히브리서 9:28은 말합니다. "그리스도
도 많은 사람의 죄를 담당하시려고 단번에 드리신 바 되셨
고."

그리스도께서는 죽으실 때 "그 몸으로 우리 죄를 담당

하"셨습니다(벧전 2:24). 우리가 받아 마땅한 심판을 받으신 것입니다(롬 8:3). 이로써 우리의 죄책은 제거되었습니다(롬 8:1). 우리의 죄가 사함 받은 것입니다(행 10:43). 우리의 죄는 더 이상 하나님의 마음에 정죄의 근거로 남아 있지 않으며, 그런 의미에서 하나님은 우리의 죄를 "기억하지 않으십니다"(렘 31:34 참조). 우리의 죄는 그리스도의 죽음으로 사함 받았습니다.

그러므로 이제 하나님은 자신의 공의를 굽히지 않으시면서도 형언할 수 없이 위대한 새 언약의 약속을 우리에게 아낌없이 베푸실 수 있습니다. 하나님은 우리의 즐거움을 위해 우주에서 가장 위대한 실체이신 그리스도를 우리에게 주십니다. 또한 우리 마음에 자신의 뜻, 곧 자신의 마음을 기록하셔서, 우리가 자유와 기쁨 가운데 마음 중심으로부터 그리스도를 사랑하고, 신뢰하고, 따를 수 있게 하십니다.

Day 18

"아버지께서 나를 세상에 보내신 것 같이
나도 그들을 세상에 보내었고."

요한복음 17:18

DAY 18

선교와 성탄절

성탄절은 선교의 모델이며 선교는 성탄절의 모델입니다. "내가 그리했듯이, 너희도 그리하라."

예를 들어, 위험에 대해 생각해봅시다. 그리스도께서 자기 백성에게 오셨으나, 그들은 예수님을 영접하지 않았습니다. 너희도 그런 일을 겪으라고 하십니다. 그들은 예수님에 대해 음모를 꾸몄습니다. 너희도 그런 일을 겪으라고 하십니다. 예수님은 머리 둘 곳이 없으셨습니다. 너희도 그런 일을 겪으라고 하십니다. 그들은 예수님에게 누명을 씌웠습니다. 너희도 그런 일을 겪으라고 하십니다. 그들은 예수님을 채찍질하고 조롱했습니다. 너희도 그런 일을 겪으라고 하십니다. 예수님은 삼 년 동안의 사역을 마치고 난 후 죽으셨습니다. 너희도 그런 일을 겪으라고 하십니다.

그러나 이 모든 위험보다 더 큰 위험이 있습니다. 예수님은 그 위험에서 **벗어나셨습니다.** 너희도 그런 일을 겪으라고 하십니다.

16세기 중반의 가톨릭 선교사인 프란치스코 하비에르(1506-1552)는 중국 선교의 위험에 대해 말라카(오늘날 말레이시아 영토)의 페레즈 신부에게 이렇게 편지했습니다.

"모든 위험 중에 가장 큰 위험은 하나님의 자비를 신뢰하지 못하는 것입니다…하나님을 신뢰하지 않는 것은 원수들이 가할 수 있는 그 어떠한 물리적 해악보다 훨씬 더 끔찍한 일입니다. 하나님의 허락 없이는 악한 영들이나 그 수하의 인간들이 우리를 조금도 훼방하지 못할 것이기 때문입니다."[5]

선교사가 직면하는 가장 큰 위험은 하나님의 자비를 신뢰하지 못하는 것입니다. 이 위험만 피한다면 다른 모든 위험은 그 쏘는 힘을 잃습니다.

---

5. From "A Letter to Father Perez," in *Classics of Christian Missions*, ed. Francis M. DuBose (Nashville, TN: Broadman Press, 1979), 221f.

결국에는 하나님께서 모든 날카로운 단검을 왕의 홀로 만들어 우리 손에 쥐여 주십니다. J.W. 알렉산더가 말했듯이 "현재의 모든 수고는 영원한 영광으로 은혜롭게 보상받을 것입니다."[6]

그리스도께서는 불신의 위험에 빠지지 않으셨습니다. 그러므로 하나님은 그리스도를 지극히 높이셨습니다! 예수님의 본을 따르십시오.

이 대림절에 성탄절이 선교의 모델이라는 것을 기억하십시오. "내가 그리했듯이 너희도 그리하라." 모든 선교에는 위험이 따르며, 가장 큰 위험은 하나님의 자비를 의심하는 것입니다. 신뢰하는 일에 실패하면 모든 것을 잃습니다. 그러나 신뢰하는 일에 성공하면 그 무엇도 여러분을 해칠 수 없습니다.

---

6. J. W. Alexander, *Thoughts on Preaching: Classic Contributions to Homiletics*(Edinburgh: Banner of Truth, 1975), 108.

Day 19

"자녀들은 혈과 육에 속하였으매
그도 또한 같은 모양으로 혈과 육을 함께 지니심은
죽음을 통하여 죽음의 세력을 잡은 자
곧 마귀를 멸하시며, 또 죽기를 무서워하므로
한평생 매여 종 노릇 하는 모든 자들을
놓아 주려 하심이니."

히브리서 2:14-15

자유를 위한 성탄절

예수님이 사람이 되신 이유는 사람 이상인 사람의 죽음이
필요했기 때문입니다. 성육신 안에서 하나님은 자기 자신
을 죽음으로 향하는 행렬에 세우셨습니다.

그리스도는 죽음의 위험을 무릅쓰신 것이 아니라, 기꺼
이 죽음을 선택하셨습니다. 그분은 죽기 위해 이 땅에 오
셨습니다. "인자가 온 것은 섬김을 받으려 함이 아니라 도
리어 섬기려 하고 자기 목숨을 많은 사람의 대속물로 주려
함이니라"(막 10:45).

사탄은 광야의 시험(마 4:1-11)과 베드로의 말(마 16:21-23)
로 예수님을 유혹하여, 십자가로 향하는 길에서 예수님을
이탈시키려 했습니다! 예수님의 십자가 죽음은 사탄 자신
의 파멸을 의미했기 때문입니다. 예수님이 사탄을 멸하신

방법은 무엇이었나요?

사탄은 "죽음의 세력"을 가지고 있습니다(히 2:14). 죽음을 두려워하게 만드는 능력을 갖고 있다는 의미입니다. "죽음의 세력"은 사람을 죽음의 공포로 속박합니다. 사람을 죄 가운데 거하게 해서 죽음을 두려워하게 합니다.

그러나 예수님은 사탄에게서 이 권세를 빼앗으셨습니다. 그분은 사탄을 무력하게 만드셨습니다. 그리고 사탄의 정죄에도 끄떡없는 의의 호심경을 만들어 우리에게 주셨습니다. 어떻게 이런 일을 하신 걸까요?

예수님이 자신의 죽음으로 우리의 모든 죄를 제거하셨기에 사탄은 더 이상 우리를 정죄할 수 없습니다. 사탄은 죄가 제거된 우리를 멸망시킬 수 없습니다. 사탄의 원래 계획은 하나님의 법정에서 하나님을 따르는 자들을 정죄하여 그분의 통치에 타격을 가하는 것입니다. 그러나 이제 그리스도 예수 안에 있는 자에게는 정죄함이 없습니다. 사탄의 반역은 미수에 그치게 되었습니다. 사탄의 전 우주적 반역은 진압되었습니다. "우리는 사탄의 분노를 견딜 수 있다. 보라, 그의 멸망이 가까웠도다."[7] 십자가는 사탄을 찔렀습니다. 사탄은 머지않아 마지막 숨을 거둘 운명입니다.

성탄절은 죽음의 공포로부터 자유를 주기 위한 것입니다.

예수님은 베들레헴에서 우리의 본성을 취하셨고, 예루살렘에서 우리의 죽음을 죽으셨습니다. 이는 우리가 이 땅에서 두려움 없이 살 수 있게 하기 위함입니다. 네, 더 이상 두려움은 없습니다. 우리의 기쁨을 위협하는 가장 큰 것이 해결되었다면, 왜 작은 것들을 걱정하겠습니까? "저는 죽음은 두렵지 않은데 실직할까봐 두렵습니다"라고 말할 수 있을까요? 아닙니다. 생각해보십시오!

죽음(맥박이 뛰지 않고, 몸이 차가워지고, 절명하는 것)이 더 이상 두렵지 않다면, 우리는 진정 자유롭습니다. 그리스도를 위해 그리고 사랑을 위해, 해 아래 어떤 위험도 감수할 수 있을 만큼 자유롭습니다. 더 이상 근심에 얽매이지 않습니다.

하나님의 아들께서 여러분을 자유롭게 하셨다면, 여러분은 진실로 자유할 것입니다!

---

7. Martin Luther, "A Mighty Fortress Is Our God," 1527 – 1529.

Day 20

"하나님의 아들이 나타나신 것은
마귀의 일을 멸하려 하심이라."

요한일서 3:8

성탄절 파업

사탄의 생산라인은 매일 수많은 죄를 쏟아 냅니다. 사탄은 거대한 화물 수송기에 죄들을 싣고 날아가, 하나님 앞에 펼쳐 놓고, 웃고 웃고 또 웃습니다.

어떤 사람들은 그 생산라인에서 풀타임으로 일합니다. 어떤 사람들은 그곳에서 일하는 것을 그만두었고, 이따금만 그곳으로 돌아갑니다.

생산라인에서의 작업은 하나님을 사탄의 웃음거리로 만듭니다. 사탄은 하나님의 빛과 아름다움과 순결과 영광을 미워합니다. 그래서 우리가 죄짓는 일에 지대한 관심을 기울입니다. 피조물이 창조주를 신뢰하지 않고 불순종할 때, 사탄은 가장 즐거워합니다.

따라서 성탄절은 사람에게 좋은 소식인 동시에 하나님

께 좋은 소식입니다.

"미쁘다 모든 사람이 받을 만한 이 말이여 그리스도 예수께서 죄인을 구원하시려고 세상에 임하셨다 하였도다"(딤전 1:15). 성탄절은 우리에게 좋은 소식입니다.

"하나님의 아들이 나타나신 것은 마귀의 일을 멸하려 하심이라"(요일 3:8). 성탄절은 하나님께 좋은 소식입니다.

예수님은 사탄의 생산 공장에 파업을 일으키려고 이 땅에 오셨습니다. 그러기에 성탄절은 하나님께 좋은 소식입니다. 예수님은 공장 안으로 곧장 걸어 들어가셔서, 신자들의 회합을 소집하시고, 즉시 전면적인 파업을 선포하셨습니다.

성탄절은 죄를 생산하는 생산라인에서 더 이상 일하지 말고 파업하라는 부르심입니다. 경영진과의 협상도, 타협도 없습니다. 제품 생산에 대한 확고한 반대만 존재합니다. 우리는 더 이상 죄를 생산하는 일에 참여하지 않을 것입니다.

성탄절 파업은 화물 수송기가 이륙하지 못하게 하는 것을 목표로 합니다. 우리는 무력이나 폭력을 사용하지는 않을 것이며, 진리에 부단히 헌신하면서 마귀의 생산 공장의 생명 파괴 성향을 만천하에 폭로할 것입니다.

성탄절 파업은 공장이 완전히 문을 닫을 때까지 계속될 것입니다.

죄가 파괴되면, 하나님의 이름은 모든 불명예를 씻게 될 것입니다. 더 이상 아무도 조소하지 않을 것입니다.

이번 성탄절에 하나님께 선물을 드리고 싶다면, 죄를 만드는 생산라인에서 떠나 그곳으로 다시 돌아가지 마십시오. 사랑의 시위대 안에 자리를 잡으십시오. 장엄한 하나님의 이름이 높임 받고, 하나님이 의인들의 찬송 가운데 영광으로 서시도록 성탄절 파업에 참여하십시오.

Day 21

"빌라도가 이르되 그러면 네가 왕이 아니냐.
예수께서 대답하시되 네 말과 같이 내가 왕이니라.
내가 이를 위하여 태어났으며 이를 위하여 세상에 왔나니,
곧 진리에 대하여 증언하려 함이로라. 무릇 진리에
속한 자는 내 음성을 듣느니라 하신대."

요한복음 18:37

그의 근본은 상고에,
영원에 있느니라

오늘의 본문은 비록 예수님의 생애 끝무렵에 일어난 일이
지만 예수님의 탄생에 관한 매우 중요한 구절입니다.

예수님이 "세상에 왔"다고 표현하신 것에 주목하십시오.
예수님의 탄생의 독특한 점은, 그분의 존재가 탄생으로부
터 시작되지 않았다는 점입니다. 그분은 마굿간에서 태어
나기 전에 이미 존재하셨습니다. 나사렛 예수의 인격성, 성
품, 성격 등은 그분이 인간으로 태어나시기 전에도 이미 존
재했습니다.

이 신비를 설명하는 신학 용어는 "창조"가 아니라 "성육
신"입니다. 예수님의 본질적 인격성은 그분이 사람으로 태
어나시기 전부터 존재했습니다. 예수님은 태어나면서 비로

소 인격이 시작된 것이 아니라, 무한히 오래전부터 계신 분으로서 이 세상에 오신 것입니다. 예수님이 태어나시기 700년 전에 쓰여진 미가서 5:2는 다음과 같이 말합니다.

"베들레헴 에브라다야
  너는 유다 족속 중에 작을지라도
이스라엘을 다스릴 자가
  네게서 내게로 나올 것이라
그의 근본은 상고에, 영원에 있느니라."

예수님의 탄생의 신비는 동정녀의 몸에서 태어났다는 것이 전부가 아닙니다. 성탄절에 태어난 아기 예수님은 상고부터, 영원부터 존재한 분이셨습니다. 동정녀 탄생의 기적은 이 사실을 증거하기 위해 하나님이 의도하신 기적입니다.

예수님의 탄생에는 뚜렷한 목적이 있었습니다. 예수님은 이 땅에 태어나시기 전에, 자신이 태어나는 일에 대해 생각하셨습니다. 예수님은 아버지와 함께 계획하셨고, 지상에서의 삶이 끝나갈 즈음에 그 계획의 일부에 대해 이렇게 말씀하셨습니다. "내가 왕이니라 내가 이를 위하여 태어났으며 이를 위하여 세상에 왔나니 곧 진리에 대하여 증언하려 함이로라 무릇 진리에 속한 자는 내 음성을 듣느니라"(요 18:37).

예수님은 영원한 진리이셨습니다. 예수님은 진리만을 증언하셨고, 사랑이라는 가장 위대한 진리를 실천하셨습니다. 예수님은 진리에 속한 모든 사람을 영원한 가족으로 모으고 계십니다. 이것은 상고부터의 계획입니다.

Day 22

"예수께서 제자들 앞에서 이 책에 기록되지 아니한
다른 표적도 많이 행하셨으나,
오직 이것을 기록함은 너희로 예수께서
하나님의 아들 그리스도이심을 믿게 하려 함이요.
또 너희로 믿고 그 이름을 힘입어
생명을 얻게 하려 함이니라."

요한복음 20:30-31

믿게 하려 함이요

우리 중 많은 사람이 어릴 때부터 신앙생활을 해 왔으며 신앙의 위대한 교리를 잠결에도 암송할 수 있지만, 사도신경으로 신앙을 고백하면서 하품을 하기도 합니다. 영원 전부터 아버지에게서 나셨으며, 하나님의 영광의 광채이시며, 하나님의 완전한 형상이시며, 능력의 말씀으로 만물을 창조하고 유지하고 계신 예수님의 경이로움과 두려움과 기이함을 느낄 수 있으려면 우리들 가운데 다시 한번 무언가가 행해져야 합니다.

지금까지 쓰여진 모든 동화, 미스테리 스릴러, 귀신 이야기들을 다 읽어도, 하나님의 아들의 성육신 이야기보다 더 충격적이고 더 기이한 이야기를 발견하지 못할 것입니다.

오, 하나님. 우리는 하나님의 영광과 하나님의 이야기에

얼마나 냉담하고 무감각한지요! 우리는 얼마나 자주 회개
하면서 이렇게 말해야 하는지요. "하나님, 저는 하나님의
참된 이야기보다 사람이 만들어 낸 허구의 이야기들에 더
큰 감동과 경이로움과 놀라움과 감탄과 기쁨을 느꼈었음
을 참으로 한탄하나이다."

우주를 배경으로 하는 공상과학 스릴러 영화들에는 놀
라움과 경이로움과 감탄을 느끼면서, 영원하신 하나님과
그분의 아들 예수 그리스도의 우주적 영광에 대해 생각하
거나 하나님과의 살아 있는 만남에 대해 생각할 때는 무덤
덤한 자기 자신을 발견할 때가 있습니다. 그때 우리는 자신
을 낮추고 회개해야 합니다.

"내가 이를 위하여 세상에 왔다"고 하신(요 18:37) 예수님
의 말씀은 공상과학 책 속의 그 어떤 말만큼이나 기이하고,
이상하고, 섬뜩합니다.

하나님의 영이 우리에게 부어지기를 간절히 원하며 이
를 위해 기도합니다. 또한 성령님이 무서울 정도로 나의 경
험 속에 강력하게 들어오셔서, 하나님과 하나님의 일들이
제게 압도적인 현실이 되게 해주시길 기도합니다.

언젠가는 해 뜨는 데부터 해 지는 데까지 번개가 하늘을 뒤덮을 것이며, 예수님이 수많은 천사들을 이끌고 구름을 타고 나타나실 것입니다. 우리는 그분을 분명히 보게 될 것입니다. 그리고 공포에 질려 떨든 아니면 순전한 기쁨의 전율로 떨든, 우리는 떨 것입니다. 그때 우리는 아무런 심판을 하지 않는 그리스도, 우리 입맛에 맞게 길들여진 그리스도를 자기 마음대로 상상하면서 살아 왔던 자신을 의아하게 여길 것입니다.

이 일들이 성경에 기록된 것은 예수 그리스도께서 이 땅에 오신 하나님의 아들이심을 믿게 하려는 것이요 경탄하며 놀라워하게 하려는 것입니다.

Day 23

"곧 우리가 원수 되었을 때에 그의 아들의 죽으심으로
말미암아 하나님과 화목하게 되었은즉
화목하게 된 자로서는 더욱 그의 살아나심으로 말미암아
구원을 받을 것이니라. 그뿐 아니라 이제 우리로
화목하게 하신 우리 주 예수 그리스도로 말미암아
하나님 안에서 또한 즐거워하느니라."

로마서 5:10-11

형언할 수 없는 하나님의 선물

우리는 실제로 어떻게 하나님과 화목하고 그분 안에서 기뻐할 수 있을까요? 우리는 예수 그리스도로 말미암아 하나님과 화목하고, 예수 그리스도 안에서 기뻐합니다. 따라서 하나님을 기뻐하기 위해서는 성경에 계시된 예수님(특히 신약성경에 기록된 예수님의 사역과 말씀들)을 아는 것이 반드시 필요합니다. 그리스도를 건너뛰고 하나님을 기뻐하려는 시도는 그리스도께 영광을 돌리지 못합니다. 그리고 그리스도께서 영광을 받지 않으시는 곳에서는 하나님도 영광을 받지 않으십니다.

고린도후서 4:4-6에서 바울은 회심을 두 가지로 묘사합니다. 4절에서 회심은 하나님의 형상이신 그리스도의 영광을 보는 것으로 묘사됩니다. 그리고 6절에서 회심은 그리스도의 얼굴 안에 있는 하나님의 영광을 보는 것으로 묘사됩니다. 두 경우 모두 회심은 보는 것과 관련됩니다. 회심한 자는 하나님의 형상이신 그리스도를 봅니다. 그리고 그리스도의 얼굴 안에 있는 하나님을 봅니다.

하나님을 기뻐하는 것은, 예수 그리스도 안에서 하나님을 보면서 기뻐하는 것입니다. 로마서 5:5 말씀처럼 "성령으로 말미암아 하나님의 사랑이 우리 마음에 부은 바"될 때, 우리는 가장 충만한 기쁨을 경험합니다. 또한, "우리가 아직 연약할 때에 기약대로 그리스도께서 경건하지 않은 자를 위하여 죽으셨도다"(롬 5:6)라는 말씀의 역사적 현실성을 곰곰이 묵상할 때, 성령으로 말미암아 하나님의 사랑이 우리 마음에 부어지는 것을 경험하게 됩니다.

따라서 성탄절의 핵심은, 우리 주 예수 그리스도의 핏값으로 하나님과의 화목이 확보되었고(롬 5:10), 우리가 주 예수 그리스도로 말미암아 그 화목을 소유하며, 지금 이 땅에서도 성령에 의해 그리고 주 예수 그리스도로 말미암아 하나님 안에서 즐거워하는 것입니다(롬 5:11).

예수님이 우리의 화목을 사셨습니다. 예수님은 우리가 화목이라는 선물을 받아 이를 개봉해볼 수 있게 하셨습니다. 그리고 예수님 자신이 형언할 수 없는 선물(육신을 입으신 하나님)로서 빛나고 계시며, 하나님 안에서 누리는 충만한 기쁨을 불러일으키십니다.

이 성탄절에 예수님을 바라보십시오. 예수님의 피로 확보된 하나님과의 화목을 받으십시오. 선물을 개봉하지 않은 채 선반 위에 팽개쳐 두지 마십시오. 선물을 받고 개봉하십시오. 그리고 하나님과의 화목의 선물이 하나님 자신이심을 기억하십시오.

하나님을 기뻐하십시오. 그분을 당신의 기쁨으로 삼으십시오. 그분을 당신의 보물로 여기십시오.

Day 24

"자녀들아 아무도 너희를 미혹하지 못하게 하라.
의를 행하는 자는 그의 의로우심과 같이 의롭고,
죄를 짓는 자는 마귀에게 속하나니 마귀는
처음부터 범죄함이라. 하나님의 아들이 나타나신 것은
마귀의 일을 멸하려 하심이라."

요한일서 3:7-8

DAY 24

하나님의 아들이 나타나심

요한일서 3:8은 "하나님의 아들이 **나타나신 것은** 마귀의
일을 멸하려 하심이라"라고 말합니다. 여기서 "마귀의 일"
이란 과연 무엇을 말합니까? 본문의 앞뒤 문맥에서 답을
찾을 수 있습니다.

우선, 요한일서 3:5를 보겠습니다. 이 구절은 요한일서
3:8의 병행구절입니다. "그가 우리 죄를 없애려고 **나타나
신 것을** 너희가 아나니 그에게는 죄가 없느니라"(요일 3:5).

5절과 8절에 모두 그가 나타나셨다는 어구가 등장합니
다. 두 구절을 비교해보면, 예수님이 멸하고자 하신 "마귀
의 일"이란 곧 "죄의 일"이라고 결론 내릴 수 있습니다. 8
절 전반절도 이를 뒷받침합니다. "죄를 짓는 자는 마귀에
게 속하나니 마귀는 처음부터 범죄함이라."

이렇게 문맥을 살펴볼 때, 여기서의 관심사는 "**죄**"이지, 질병이나 고장난 자동차, 틀어진 일정 등이 아닙니다. 예수님은 우리가 죄짓는 것을 그치게 하려고 이 세상에 오셨습니다.

요한일서 2:1에 이 진리가 더 분명하게 표현되어 있습니다. "나의 자녀들아 내가 이것을 너희에게 씀은 너희로 죄를 범하지 않게 하려 함이라"(요일 2:1). 예수님이 이 땅에 오신 목적은 바로 우리가 죄를 범하지 않게 하는 것입니다(요일 3:8).

계속해서 요한일서 2:1-2에서 다음과 같이 말합니다. "만일 누가 죄를 범하여도 아버지 앞에서 우리에게 대언자가 있으니 곧 의로우신 예수 그리스도시라 그는 우리 죄를 위한 화목제물이니 우리만 위할 뿐 아니요 온 세상의 죄를 위하심이라."

예수님은 두 가지 이유로 이 땅에 오셨습니다. 첫째, 예수님은 우리가 계속해서 죄를 짓지 않도록 하기 위해 이 땅에 오셨습니다. 즉, 마귀의 일을 멸하러 오셨습니다(요일 3:8). 둘째, 우리의 죄를 위한 희생제물이 되기 위해 이 땅에 오셨습니다. 하나님의 진노를 없애는 대속제물이 되려 하신 것입니다.

두 번째 목적은 첫 번째 목적을 전복시키지 않습니다. 죄사함(용서)은 마음껏 죄를 짓게 허용하는 것이 아닙니다. 예수님은 우리가 더 이상 죄와 싸우지 않게 하려고 우리 대신 죽으신 것이 아닙니다. 오히려 그 반대입니다. 그리스도께서 우리의 죗값을 단번에 치르사 구원해주셨고 우리에게 자유와 권세를 주셨으니, 이제 구원을 잃을까봐 두려워하지 말고, 율법주의자처럼 구원을 얻어 내기 위해 죄와 싸우려 하지 말고, 승리자로서 확신과 기쁨을 갖고 죄와 싸우라는 겁니다. 우리 목숨을 요구할지라도 죄와 싸우라는 겁니다. 이것이 성탄절의 목적입니다.

Day 25

"나의 자녀들아 내가 이것을 너희에게 씀은
너희로 죄를 범하지 않게 하려 함이라.
만일 누가 죄를 범하여도
아버지 앞에서 우리에게 대언자가 있으니,
곧 의로우신 예수 그리스도시라.
그는 우리 죄를 위한 화목 제물이니
우리만 위할 뿐 아니요
온 세상의 죄를 위하심이라…
자녀들아 아무도 너희를 미혹하지 못하게 하라.
의를 행하는 자는 그의 의로우심과 같이 의롭고,
죄를 짓는 자는 마귀에게 속하나니 마귀는
처음부터 범죄함이라. 하나님의 아들이 나타나신 것은
마귀의 일을 멸하려 하심이라."

요한일서 2:1-2, 3:7-8

세 가지 성탄절 선물

이 주목할 만한 상황에 대해 저와 함께 곰곰이 생각해봅시다. 하나님의 아들께서 당신이 죄를 그만 짓게 하기 위해(마귀의 일을 멸하기 위해), 그리고 당신이 죄를 지을 때 하나님의 진노를 없애는 화목제물이 되기 위해 이 땅에 오신 사실은 당신의 삶에 어떤 의미가 있습니까?

세 가지 놀라운 의미가 있습니다. 이것들을 간략하게 소개해 드리는 것이 여러분을 향한 저의 성탄 선물입니다.

선물 1 : 삶의 분명한 목적

첫 번째는 삶의 분명한 목적입니다. 죄를 짓지 말고 하나님의 이름을 욕되게 하지 말라는 것입니다. "내가 이것을 너희에게 씀은 너희로 죄를 범하지 않게 하려 함이라"(요일

2:1). "하나님의 아들이 나타나신 것은 마귀의 일을 멸하려 하심이라"(요일 3:8).

이렇게 바꾸어 말할 수도 있습니다. "그의 계명은 이것 이니 곧 그 아들 예수 그리스도의 이름을 믿고 그가 우리에게 주신 계명대로 서로 사랑할 것이니라"(요일 3:23). 여기서 "계명"이라는 단어가 단수로 쓰였습니다. 예수님을 믿는 것과 서로 사랑하는 것은 매우 긴밀하게 연결되어 있기에, 요한은 이를 한 계명이라고 말합니다. 여러분, 예수님을 믿고 서로 사랑하십시오. 이것이 우리 삶의 목적이며, 기독교적 삶의 전부입니다. 예수님을 믿고 서로 사랑하시기 바랍니다. 사도들은 예수님을 믿고 서로 사랑했습니다. 첫 번째 선물은 삶의 분명한 목적입니다.

선물 2 : 용서의 소망

그리스도께서는 한편으로는 우리가 죄짓는 것을 그만두게 하려고 오셨고, 한편으로는 우리의 죄를 용서하려고 오셨습니다. 이 양면의 진리의 두 번째 의미는, 죄 용서의 소망을 가질 때, 죄를 극복하는 데 진전을 이룬다는 것입니다. 만일 용서의 소망이 전혀 없다면, 우리는 죄와 싸우는 것을 포기해 버릴 것입니다.

많은 분들이 새해맞이 결심에 대해 고민하고 있을 것입니다. 그동안 빠져들었던 죄악된 패턴들에서 벗어나길 원하니까요. 예를 들어, 당신은 새로운 패턴의 식습관이나 새로운 패턴의 엔터테인먼트를 원합니다. 새로운 패턴의 헌금, 새로운 패턴의 부부간 관계 형성, 새로운 패턴의 가정 예배, 새로운 패턴의 수면 습관, 새로운 패턴의 운동 습관, 새로운 패턴의 용기 있는 복음 증거 등을 원합니다. 여러분은 어떤 결심이 소용 있을지 생각해보면서 씨름할 것입니다. 이제 여기 두 번째 성탄절 선물이 있습니다. 그리스도께서는 마귀의 일(우리가 죄짓는 것)을 멸하러 오셨을 뿐 아니라, 실패하는 우리를 위한 대언자가 되기 위해 오셨습니다.

그러니 실패해도 그것이 끝이 아니라는 사실에서 계속 싸울 소망을 얻으십시오. 하지만 조심하십시오. 만일 하나님의 은혜를 육체의 정욕의 기회로 삼아 "그래, 내가 실패해도 상관없다면, 힘들게 싸워야 할 이유가 없군."이라고 말하면서 죄악된 행동을 지속해나간다면, 당신은 필시 중

생하지 않은 사람이니 두려워 떨어야 합니다.

그러나 여러분 대다수는 삶의 죄악된 패턴들과 싸우길 원하실 것입니다. 하나님이 그런 당신에게 말씀하십니다. 그리스도께서 당신의 실패를 덮어주시는 데서 계속 싸울 소망을 얻으라는 겁니다. "내가 이것을 너희에게 씀은 너희로 죄를 범하지 않게 하려 함이라 만일 누가 죄를 범하여도 아버지 앞에서 우리에게 대언자가 있으니 곧 의로우신 예수 그리스도시라"(요일 2:1).

선물 3 : 그리스도께서 우리를 도우실 것입니다

양면의 진리의 세 번째 의미는 그리스도께서 우리의 싸움을 실제로 도우실 것이라는 사실입니다. 그리스도께서는 당신을 참으로 도우실 것입니다. 그분은 당신의 편이십니다. 그분은 죄가 재미있기 때문에 죄를 멸하러 오신 것이 아닙니다. 죄가 치명적이기 때문에 죄를 멸하러 오셨습니다. 죄는 마귀의 속이는 일이며, 우리가 죄와 싸우지 않으면 죄는 이내 우리를 멸망시킬 것입니다. 그리스도께서는 우리를 돕기 위해 오셨지 우리를 해치기 위해 오신 것이 아닙니다.

여기 세 번째 성탄절 선물이 있습니다. 그리스도께서는 당신이 죄를 이기도록 당신 안에서 도와주실 것입니다. 요한일서 4:4는 이렇게 말합니다. "이는 너희 안에 계신 이가 세상에 있는 자보다 크심이라." 예수님은 살아계시고, 전능하시며, 믿음에 의해 우리 안에 계십니다. 예수님은 우리를 위하시며, 우리를 적대시하지 않으십니다. 예수님이 새해에 죄와의 싸움에서 당신을 도우실 것입니다. 그분을 신뢰하십시오.

마치는 글

가장 좋아하는 성탄절 본문

제가 가장 좋아하는 성탄절 본문은 성탄절의 핵심으로 겸손을 강조하는 본문입니다. 이번 성탄절에 저는 예수님의 겸손에 더욱더 경탄하길 원합니다. 잠시 후에 제가 가장 좋아하는 성탄절 본문을 인용하겠습니다.

하지만 그 전에 두 가지 문제를 살펴보고자 합니다. 팀 켈러는 "겸손은 부끄러움을 많이 탄다. 우리가 겸손에 대해 말하기 시작하면 그것은 이내 떠나 버린다."라고 말했습니다. 팀 켈러의 말이 한 문제를 암시합니다. 즉, 이 글과 같은 겸손에 대한 묵상글은, 겸손에 대해 말함으로써 그것을 떠나 버리게 만들 수도 있다는 것입니다. 하지만 부끄러움을 많이 타는 사람이라도 편안한 분위기에서는 때로 외향적인 모습을 띱니다.

다른 한 문제는 예수님은 우리와는 다른 이유로 겸손하셨는데, 예수님의 성탄절 겸손을 엿보는 일이 어떻게 우리에게 유익을 줄 수 있느냐는 것입니다. 우리의 겸손은 우리의 유한성, 오류가능성, 죄악성에 기초하고 있습니다. 하지만 영원하신 하나님의 아들께서는 유한하지 않으시고, 오류불가능하시고, 죄악되지 않으십니다. 따라서 예수님의 겸손은 우리와 다른 근원을 갖습니다.

여기 제가 가장 좋아하는 성탄절 본문이 있습니다. 예수님의 겸손을 보십시오.

"그는 근본 하나님의 본체시나 하나님과 동등됨을 취할 것으로 여기지 아니하시고 오히려 자기를 비워 종의 형체를 가지사 사람들과 같이 되셨고 사람의 모양으로 나타나사 자기를 낮추시고 죽기까지 복종하셨으니 곧 십자가에 죽으심이라"(빌 2:6-8).

예수님의 겸손은 다른 사람의 유익을 위해 자신을 낮추어 종의 위치에 두는 의식적인 행동이었습니다. 다음의 어구들이 그분의 겸손을 정의합니다.

"자기를 비워 [학대나 고난을 받지 않을 신적인 권리를 포기하심]"
"종의 형체를 가지사"
"죽기까지 복종하셨으니 곧 십자가에 죽으심이라"

따라서 예수님의 겸손은 자신의 유한성이나 오류가능성이나 죄악성을 인식하는 데서 비롯하지 않습니다. 예수님의 겸손은 무한한 완전성과 오류불가능한 진리됨과 모든 죄로부터 자유로운 마음에서 나옵니다. 그리고 바로 그 이유 때문에 예수님은 섬김을 받으실 필요가 없었습니다. 예수님은 섬김 안에서 흘러넘치도록 자유롭고 충만하셨습니다.

이에 대해 말하는 또 다른 성탄절 본문은 마가복음 10:45입니다. "인자가 온 것은 섬김을 받으려 함이 아니라 도리어 섬기려 하고 자기 목숨을 많은 사람의 대속물로 주려 함이니라." 예수님의 겸손은 자신의 부족을 발견하는 데서 비롯하는 우리의 겸손과는 달랐으며, 오히려 자신의 충만을 다른 이의 유익을 위해 제공하는 것이었습니다. 예수님은 스스로 자신을 낮추사 죄인들이 예수님의 영광을 즐거워할 수 있게 하셨습니다.

예수님의 탄생과 관련된 낮아짐은 우리를 위한 좋은 소식과 깊이 연관되어 있습니다. "수고하고 무거운 짐 진 자들아 다 내게로 오라 내가 너희를 쉬게 하리라 나는 마음이 온유하고 겸손하니 나의 멍에를 메고 내게 배우라 그리하면 너희 마음이 쉼을 얻으리니 이는 내 멍에는 쉽고 내 짐은 가벼움이라 하시니라"(마 11:28-30).

예수님의 겸손은 우리를 무거운 짐에서 벗어날 수 있게 하였습니다. 예수님이 겸손하지 않으시다면, 십자가에서 죽기까지 복종하지 않으셨을 것입니다. 그리고 예수님이 우리를 위해 죽기까지 복종하지 않으셨다면, 우리는 자신의 죄의 무게 아래 멸망했을 것입니다. 예수님은 자기 자신을 낮추어 우리의 정죄를 취하셨습니다(롬 8:3).

이제 우리는 전보다 겸손해야 할 이유가 더 많아졌습니다. 우리는 유한하고, 오류가능하고, 죄악되므로 자랑할 근거가 전혀 없습니다. 하지만 이제 우리는 그 외의 겸손케 하는 요인들을 봅니다. 우리의 구원은 우리의 행위에 기인하지 않으며 예수님의 은혜에 기인하므로 우리의 모든 자랑은 제거됩니다(엡 2:8-9). 예수님은 그 영광스러운 구원을 성취하시기 위해 죽기까지 종으로서 복종하면서 자발적이고 의식적으로 자기를 낮추셨습니다.

따라서 유한성, 오류가능성, 죄악성에 더해, 이제 두 가지 거대한 것이 우리를 겸손하게 만듭니다. 하나는 우리가 받은 모든 복 아래 자리 잡고 있는 은혜, 곧 자격 없는 자에게 값없이 주신 은혜입니다. 다른 하나는 의도적으로 종의 형체를 취하신 예수님의 자기 부인과 희생적인 섬김의 본보기입니다.

따라서 우리는 예수님을 따라 의식적인 자기 낮춤과 종 됨에 참여하라는 부름을 받습니다. "누구든지 자기를 높이는 자는 낮아지고 누구든지 자기를 낮추는 자는 높아지리라"(마 23:12). "너희 안에 이 마음을 품으라 곧 그리스도 예수의 마음이니"(빌 2:5).

이 "부끄러움을 많이 타는 덕목"(우리의 구원과 종 됨에 큰 근거가 되는 덕목)이 그 조용한 자리에서 벗어나 이 대림절에 우리에게 겸손의 옷을 허락하길 기도합시다. "젊은 자들아 이와 같이 장로들에게 순종하고 다 서로 겸손으로 허리를 동이라 하나님은 교만한 자를 대적하시되 겸손한 자들에게는 은혜를 주시느니라"(벧전 5:5).

부록

구약의 그림자와 그리스도의 오심

히브리서의 주요 요점 중 하나는 구약의 제사 제도가 그리스도에 의해 대체되었다는 것이다. 따라서 성탄절은 그림자를 실체로 대체하는 의미가 있다. (우리는 히브리서 8:5에서 이것을 볼 수 있다. 제사장이 "섬기는 것은 하늘에 있는 것의 모형과 그림자라.") 그리스도의 오심으로 실체로 대체된 여섯 개의 그림자를 고려하라.

1. 구약 제사 제도의 그림자

"제사장 된 그들의 수효가 많은 것은 죽음으로 말미암아 항상 있지 못함이로되 예수는 영원히 계시므로 그 제사장 직분도 갈리지 아니하느니라"(히 7:23-24).

2. 유월절 희생의 그림자

"너희는 누룩 없는 자인데 새 덩어리가 되기 위하여 묵은 누룩을 내버리라 우리의 유월절 양 곧 그리스도께서 희생되셨느니라"(고전 5:7).

3. 성막과 성전의 그림자

"지금 우리가 하는 말의 요점은 이러한 대제사장이 우리에게 있다는 것이라 그는 하늘에서 지극히 크신 이의 보좌 우편에 앉으셨으니 성소와 참 장막에서 섬기는 이시라 이 장막은 주께서 세우신 것이요 사람이 세운 것이 아니니라"(히 8:1-2).

"예수께서 대답하여 이르시되 너희가 이 성전을 헐라 내가 사흘 동안에 일으키리라 유대인들이 이르되 이 성전은 사십육 년 동안에 지었거늘 네가 삼 일 동안에 일으키겠느냐 하더라 그러나 예수는 성전된 자기 육체를 가리켜 말씀하신 것이라"(요 2:19-21).

4. 할례의 그림자

"할례 받는 것도 아무 것도 아니요 할례 받지 아니하는 것도 아무 것도 아니로되 오직 하나님의 계명을 지킬 따름이니라"(고전 7:19).

5. 음식 규정 율법의 그림자

"예수께서 이르시되 너희도 이렇게 깨달음이 없느냐 무엇이든지 밖에서 들어가는 것이 능히 사람을 더럽게 하지 못함을 알지 못하느냐 이는 마음으로 들어가지 아니하고 배로 들어가 뒤로 나감이라 이러므로 모든 음식물을 깨끗하다 하시니라"(막 7:18-19).

6. 절기의 그림자

"그러므로 먹고 마시는 것과 절기나 초하루나 안식일을 이유로 누구든지 너희를 비판하지 못하게 하라 이것들은 장래 일의 그림자이나 몸은 그리스도의 것이니라"(골 2:16-17).

성탄절의 의미는 실체가 그리스도에게 속한다는 것이다. 즉, 종교적인 의식은 위대하고 영광스러운 분의 그림자와 같다. 우리는 그림자로부터 돌아서서 그분의 얼굴을 보아야 한다(고후 4:6). 자녀들아, 너희 자신을 지켜 (종교적) 우상에게서 멀리하라(요일 5:21).

✣ desiringGod

모든 사람은 행복하기를 원합니다. 우리 웹사이트는 행복을 위해 탄생되고 행복을 위해 세워진 사이트입니다. 우리가 하나님 안에서 가장 만족할 때 하나님은 우리 안에서 가장 영광을 받으십니다. 우리는 세계 각지의 사람들이 이 진리를 이해하고 이 진리를 마음으로 붙들게 되기를 소원합니다. 우리 웹사이트 안에는 존 파이퍼 목사가 30년 이상 설교하고 강연하고 글로 쓴 자료들이 모아져 있습니다. 또한 40개이상 언어로 번역된 자료들이 포함되어 있습니다. 또한 우리는 새롭게 쓰여진 자료들, 오디오 및 비디오 자료들을 매일 공급하고 있습니다. 우리는 이를 통해 여러분이 진리와 삶의 목적과 결코 고갈되지 않는 만족을 발견하도록 돕고자 합니다. 이 모든 자료는 무료로 제공되며 이런 일은 이 사역을 통해 영적 축복을 경험한 여러 후원자들의 후원 덕분에 가능합니다.

여러분이 참된 행복에 대한 더 많은 자료를 접하길 원하신다면, 혹은 Desiring God 선교회의 사역에 대해 더 많은 것을 알고 싶으시다면, desiringGod.org로 방문하시길 바랍니다.

---

desiringGod.org